CORRESPONDANCE

DE

L'ARMÉE FRANÇOISE

EN ÉGYPTE.

CORRESPONDANCE

DE

L'ARMÉE FRANÇOISE

EN ÉGYPTE

INTERCEPTÉE PAR L'ESCADRE DE NELSON;

PUBLIÉE A LONDRES.

A LONDRES,

Et se trouve

A HAMBOURG ET BRUNSWICK,

CHEZ P. F. FAUCHE ET COMPAGNIE.

1799.

INTRODUCTION

DE L'EDITEUR ANGLOIS.

LA correspondance, dont les lettres suivantes font partie, a été interceptée à différentes époques par les vaisseaux de guerre turcs et anglois. Elle consiste en lettres officielles et privées, dont le contenu peut-être, comme celui de mille autres qui sont en divers temps tombées dans nos croisières, seroit resté secret pour le public, si les François, d'abord en assignant un motif mensonger à cette fameuse expédition, puis en répandant à leur avantage les récits les plus absurdes et les plus extravagans, n'avoient mis le gouvernement anglois dans la nécessité de détromper l'Europe, tremblante encore au bruit de ce conte oriental, en prouvant, d'après leurs propres papiers officiels, que ce qui a pour principe la fraude et la perversité doit avoir pour résultat la misère et le désespoir.

La publicité une fois décidée, il a été question de faire dans la volumineuse correspondance, ès mains du gouverne-

ment, un choix, qui sans satisfaire une
oisive curiosité, ou le goût du scandale
et de l'intrigue, ne laissât pourtant rien
à désirer sur la situation réelle de l'armée
françoise en Egypte, sur ses vues et ses
succès, son état de misère et de mécontentement. On a donc supprimé ce qui
ne rempliroit pas un de ces objets; toutes les lettres particulières, à moins qu'elles n'eussent un rapport direct avec l'objet
qu'on se proposoit, ont été écartées; et
même celles de Buonaparte, si indécem-
ment défigurées et commentées par les
nobles champions du parti de l'opposi-
tion (*), sans être absolument particulières,

(*) Les paragraphes suivans sont extraits du *Morning
Chronicle*. Nous aurions pu multiplier les citations; mais
nous croyons celles qu'on va lire suffisantes pour convaincre
le lecteur de la « délicatesse exquise » de ce journal. Après
les avoir lues, il sera tenté de féliciter les dames françoises
de ce que les lettres de leurs amans et de leurs fils ont
eu le bonheur d'échapper à de si délicates, de si honora-
bles mains.

« La publication des lettres confidentielles de Buonaparte
et de son armée à leurs amis en France, qui ont été interceptées, n'honore pas beaucoup la générosité du ministère. Un pareil commérage est au-dessous de la dignité
d'une nation. Une de ces lettres est de Buonaparte à son

ont été mises de côté, comme ne contenant rien d'essentiellement intéressant pour le public. Nous nous flattons de n'avoir rien admis qui puisse faire rougir nos lecteurs pour nous et pour eux-mêmes.

Nous pourrions terminer ici cette Introduction; mais comme l'expédition d'Egypte a éveillé la curiosité, et est devenue l'objet de l'admiration, de l'ap-

---

frère, et contient des plaintes sur la *coquetterie* de sa femme; une autre du jeune Beauharnois, exprime son espoir que sa chère *maman* n'est pas aussi *coquette* qu'on s'est plu à la peindre. Tels sont les précieux secrets qui, pour nourrir des divisions de familles, vont être publiés en françois et en anglois.« Nov. 24.

« Après que le public a été si long-temps agité d'anxiétés et de spéculations sur Buonaparte et son expédition, on va le satisfaire enfin en le gratifiant du scandale et des intrigues qui remplissent les lettres particulières du général et de ses officiers. » Nov. 25.

« La correspondance *privée* des officiers de Buonaparte est un échantillon curieux de l'instruction donnée au *public*. Elle nous rappelle le foible et impolitique ministère qui persécuta Wilkes. Quand leur fonds de malice fut entièrement épuisé, ils objectèrent qu'il avoit écrit un *poëme indécent* qui ne touchoit pas plus la question du *général Warrants*, que les *moeurs* de Madame Buonaparte ne concernent l'expédition de son mari en Egypte. » Nov. 25.

plaudissement, de l'erreur et de l'exagération, nous croyons rendre service à nos
lecteurs en nous permettant quelques
réflexions sur ce sujet.

Les François ont depuis long - temps
tourné les yeux vers l'Egypte. La disposition d'esprit enthousiaste de leurs consuls au Levant a servi admirablement
la crédulité, l'avarice et l'ambition de
cette nation inquiète, en leur assurant
que l'Egypte étoit le paradis de l'Orient,
la clef des trésors de l'Inde, aisée à conquérir, et plus aisée encore à garder. Il
n'y avoit pas un François sous *l'ancien*
régime qui ne regardât ce rêve comme
une vérité, et certainement ils n'ont rien
perdu de leur ambition, de leur avarice
et de leur crédulité, sous le *nouveau.*

Quels plans la monarchie eût-elle for-
més pour se mettre en possession de ce
paradis? c'est ce que nous ignorons. Probablement elle ne se seroit pas flattée de
réussir par la force; mais les meneurs
actuels de la France, qui ont foulé aux
pieds les puissances du continent, trop
long - temps et avec trop d'impunité pour
croire aujourd'hui nécessaire de les mé-

nager, ne pouvoient craindre de résistance à leurs mesures, et n'étoient pas
dans le cas d'être scrupuleux sur le
choix des moyens, pour effectuer tous les
projets qu'ils avoient en vue.

Cependant, quoiqu'on leur eût peint
l'Egypte comme un pays riche, elle ne
promettoit pas des ressources immédia-
tes de pillage, et le projet de la conquérir seroit encore resté dans le porte-
feuille du citoyen Talleyrand, sans une
circonstance qui fit de sa prompte adop-
tion une mesure de nécessité.

Chacun sait que le Directoire s'est engagé depuis long - temps à faire don à
l'armée d'un milliard, à la paix générale.
Cet engagement sembloit oublié comme
beaucoup d'autres, jusqu'à ce que la
nécessité de rattacher les troupes à ses
intéréts, et de les mettre ainsi en état de
consommer la révolution du 18 fructidor, vînt faire au triumvirat une loi de
renouveler leur promesse, et de raviver
les froides espérances de l'armée.

Aucune ne contribua plus au succès
de cette fatale journée que l'armée d'Italie, qui, à la honte éternelle de Buona-

parte, eut la faculté d'imposer silence aux conseils, et d'usurper tout le pouvoir de l'état.

Un tel service ne pouvoit être oublié. La prétention de ces soldats à une portion du milliard devint doublement valide; et, comme la guerre d'Italie étoit supposée tirer à sa fin, des milliers retournoient en France pour faire valoir leurs droits.

Là commencèrent les embarras du Directoire. Il n'avoit pas d'argent à donner; mais un tel aveu eût été trop imprudent, et l'expédition d'Egypte fut mise en avant comme un expédient admirable pour apaiser les clameurs du moment, et pourvoir au sort de quarante mille vétérans façonnés au pillage, impatiens de tout frein, trop éclairés sur leurs services pour être écartés sans bruit, et trop pressans dans leurs demandes pour être amusés par de vaines promesses.

Tel est le principe de l'expédition d'Egypte. Le pillage des chantiers et des arsenaux vénitiens avoit heureusement fourni aux François une quantité prodigieuse de munitions navales, et leur avoit procuré plusieurs vaisseaux de ligne, frégates, etc. Avec les premières, ils réparèrent les vaisseaux qui étoient dans le port de Toulon, et rassemblèrent de tous les côtés des bâtimens de transport. Durant ces préparatifs, on eut l'art d'enflammer l'ardeur et la cupidité des troupes par des annonces ambiguës d'une expédition, dont les avantages immédiats devoient faire oublier les conquêtes vantées de Cortès et de Pizarre.

Pour assurer le succès de cette farce, on ramassa de tous les coins de la France des artistes de tout genre, chimistes, botanistes, membres de l'Ecole pyrotechnique en grand nombre, et quantité de gens qui se donnent à eux-mêmes le titre de savans; et cette troupe fut obligée de prendre la route de Toulon. — Quand tout fut bien et duement embarqué, Buonaparte assembla l'armée d'Italie, montant à vingt-deux mille hommes; et après leur avoir promis gravement sur son honneur, promesse qu'il observa avoir toujours été sacrée pour lui, que chacun d'eux recevroit, à son retour, une somme d'argent suffisante pour acheter six acres et demi de bonne terre, il les prit à bord, et se mit tranquillement en route pour les enterrer tous en Egypte.

Chemin faisant, il recueillit près de vingt mille hommes de plus de l'armée d'Italie, robustes mendians qui auroient pu inquiéter le Directoire, si on les avoit laissé rester en Europe, et qui vont maintenant contribuer avec leurs fortunés camarades, à engraisser les vautours du Grand Caire.

Nous ne nous arrêterons pas sur la prétendue prise de Malte (*), ni sur les parades faites par cet invincible armement dans la Méditerranée; mais, après l'avoir conduit dans le port d'Alexandrie, nous revenons sur nos pas pour faire quelques observations sur son départ, sa destination supposée, etc.

La première circonstance qui nous

(*) Le succès de cet événement étoit déjà assuré avant que Buonaparte quittât Toulon, par les intrigues et les largesses de Poussielgues. Ces intrigues ont été depuis dévoilées par le bailli de Teignic et par d'autres, et sont devenues le sujet d'une accusation formelle contre le grand-maître Hompesch, par les chevaliers qui ont cherché un asile en Allemagne, en Russie, etc.

frappe, est l'extrême ignorance des François par rapport au pays où ils alloient porter le ravage et la désolation. Il y a des siècles qu'ils avoient des liaisons avec les ports de l'Egypte, et ils semblent n'en pas plus connoître l'intérieur, que les habitans de la lune. Cette ignorance étoit générale; depuis le commandant en chef (*) jusqu'au dernier soldat, tout étoit obscurité et aveugle confiance dans le plus aveugle des guides.

Les *savans* n'en savoient pas plus que les autres. — Comme Phaéton,

« Ils espéroient peut-être trouver des bois délicieux, des tours majestueuses et des cités remplies de richesses. »

Et comme lui ils ne trouveront, à ce qu'on peut imaginer, qu'une conflagration générale et une rivière.

Puisqu'il est question de ces savans, examinons quel avantage la république des lettres tirera de leurs efforts, avan-

----

(*) Dans une lettre de Buonaparte au Directoire, en date du 6 juillet, il dit: Cette contrée est toute autre chose que ce que les voyageurs et les historiens nous la représentent.

tages pour lesquels on doit se rappeler que le Directoire qui les a *pressés* à bord, a *déjà* reçu les félicitations de tous les amis de la liberté.

L'examen sera court. Tout ce que nous apprendrons d'eux, depuis l'heure de leur embarquement jusqu'à présent, est contenu dans une lettre de Berthier, aux consuls de la République romaine: «Les *savans* Monge, Bertholet, Bour- »sienne, etc. dit-il, ont combattu avec „le plus grand courage; ils n'ont pas „quitté les côtés du général pendant »toute l'action, et ont prouvé par leur »calme intrépide, qu'en combattant les »ennemis de la France (*), tout Fran- »çois est soldat. «

(*) Le jargon des François est encore plus choquant que leurs atrocités. Ils envahissent un pays ami qu'ils dévouent légérement au pillage et à la dévastation, et les chefs de cette horde féroce de sauvages ont la détestable insolence de traiter d'ennemis de la France un peuple qui ne les a provoqués par aucune agression, dont le seul crime est de défendre sa vie et ses propriétés, et qui, dans sa paisible ignorance, ne connoît ni les François, ni les meneurs sanguinaires qui les emploient

Ainsi voilà ces « génies éclairés du 18e siècle » qui devoient reconnoître la construction des pyramides, plonger dans les catacombes, errer à travers les détours des labyrinthes sacrés, déterrer les volumes mystiques d'Hermès, et en un mot, fouler d'un pied libre cette terre classique depuis les cataractes jusqu'aux sept embouchures du Nil, les voilà devenus des hommes de sang, obligés de rester sous la protection des troupes, et incapables de faire un pas à droite ou à gauche, hors de la portée de la mousqueterie ou du canon de l'armée.

Mais l'absurdité déployée dès le début de cette étrange expédition, n'est pas plus extraordinaire que l'obstination avec laquelle on l'a montrée à l'admiration de l'Europe. L'ignerance, la crainte, le jacobinisme ont été sans cesse en action, pour supposer une grande conception, où l'aveugle hasard seul avoit part, pour chuchoter une savante combinaison de moyens au milieu d'un dénuement absolu, et pour promettre un succès infaillible à des hommes dont chaque pas est marqué par la destruction et le désespoir.

Avant que l'armée fût arrivée à sa destination, les vieux plans du gouvernement françois étoient dans toutes les bouches, et on applaudissoit hautement à la sagesse d'attacher les beys à l'envahisseur, de renverser la domination de la Porte, et d'assurer pour jamais la possession du pays à la grande nation.

Buonaparte arrive, et tout le plan est renversé. Ce sont les beys maintenant qu'il faut renverser, parce qu'ils ont seuls le pouvoir de résister, et c'est la souveraineté de Constantinople qu'il faut maintenir, parce qu'elle est à-peu-près nulle. Applaudissemens plus bruyans que jamais. « De mieux en mieux s'écrient les têtes pénétrantes dont la sagacité a découvert de profonds desseins dans toutes les folies françaises. Ce pays y gagnera plus de cette manière que de l'autre. — Vive la République »!

Enfin, quand il se trouve en dernier résultat, que la haine et le desir de repousser l'ennemi sont les seules impressions faites sur les naturels de l'Egypte, et que les conquérans ne sont maîtres

que

que du terrain qu'occupe leur armée,
tout-à-coup voilà qu'on nous fait part
d'un nouveau plan, plus grand encore,
qu'on nous donne sérieusement pour le
seul vrai, et dont le succès est infaillible. Ce qui n'a pas été fait en Egypte
doit s'exécuter en Perse.

On a découvert fort à propos que les
habitans des côtes orientales avoient la
religion primitive des Arabes, avant d'ê-
tre infectés des erreurs du mahométisme,
et l'on sait que depuis long-temps,
Buonaparte a, par le moyen de leur vé-
nérable patriarche, entretenu une correspondance avec eux. Le nuage épais qui
fatiguoit les yeux de l'humanité vient de
se dissiper! L'Arabie est sur le point
d'être rendue à la liberté, au bonheur;
d'un côté par les armes françoises, de
l'autre par ses innombrables et fidelles
alliés. Le reste va de suite. L'Arabie
une fois organisée, et régie par un directoire et par deux conseils, un libre
passage vers l'Inde s'ouvre à travers Me-
kran, pays peuplé d'amis et de philosophes, et les tyrans de la mer sont chas-
sés honteusement de Calcutta!

II

Il seroit inutile de renvoyer nos lecteurs aux écrivains accrédités, pour voir réfuter toutes ces absurdités sur lesquelles pourtant les amis de la France se sont arrêtés avec tant de complaisance et de délices; mais s'il leur arrive de feuilleter Niehbur, ils y verront qu'il y a en effet quelques Arabes sauvages, pauvres, misérables, à demi nus, qui errent le long des côtes de l'Arabie proprement dite, et vivent de poissons pourris. Or, ces ichtyophages sont les sauvages éclairés, qui, de concert avec Buonaparte, doivent répandre les lumières de la liberté et de la vertu dans tout le monde oriental.

Mais ce n'est pas seulement la profondeur des plans militaires du général qu'on exalte par des éloges si mérités; les talens de législateur qu'il porte dans les pays qu'il a conquis, reçoivent un tribut égal d'applaudissemens, et ses admirateurs croiroient faire tort à sa réputation, s'ils oublioient de dire qu'il joint la sagacité politique de Solon, à la science militaire d'Alexandre.

Le lecteur trouvera, (n°. x) une lettre de Buonaparte, contenant ce qu'il appelle son «organisation provisoire de l'Egypte;» s'il la lit avec attention, ainsi qu'une autre pièce curieuse (Appendix n°. VIII), il sera tenté de rabattre tant soit peu de son admiration pour ce nouveau Solon.

L'opiniâtre attachement des Orientaux pour leurs usages est si grand qu'il est passé en proverbe, et pourtant tout doit changer au premier mot! La simplicité de leurs habillemens et l'invariable uniformité ne sont pas moins frappantes; les siècles se succèdent et les retrouvent encore les mêmes; et pourtant, en conséquence d'ordres qui leur sont inconnus, ils sont tout-à-coup obligés de se chamarrer de schals et de rubans tricolores, comme les agens du directoire exécutif.

Toutes les relations compliquées qui lient la société où le général est jeté, il les méconnoît ou les contrarie; un maigre provisoire consistant en un ou deux règlemens généraux, doit représenter toutes les habitudes morales et les règlemens locaux, dont la variété infinie distinguoit le gouvernement du peuple de ces contrées.

II.

Mais le remède est sous la main; où les lois manqueront leur effet, la force suppléera à leur inefficacité. En toute occasion, on aura recours à l'intervention militaire sous le commandement d'un officier françois (p. 88). C'est là le grand, l'universel spécifique! Après un appel inutile et malheureux à la sagesse civile, tout se résout en violence militaire, et c'est à coups de baïonnettes que le conquérant fera entrer son code dans la gorge des habitans.

Mais que pourroit-on attendre d'un homme qui, en Europe, a déjà signalé son incapacité par d'autres tentatives du même genre? Laissons ses stupides admirateurs se rappeler son organisation d'Italie (digne modèle de celle d'Egyte) changée à diverses reprises par lui-même, et du moment qu'il a été perdu de vue, dédaigneusement réformée par d'autres. Même nullité de plan! même pauvreté de conception! De son porte-manteau il tire le prototype de toute législation; — la constitution de 1795, ce patron qui est pour toutes les tailles, et qui s'applique à toutes les situations et à tous les peuples.   L'antiquité n'a rien connu de pareil à ce mode expéditif de législation.   Elle montroit quelque condescendance pour les usages et pour les préjugés des peuples soumis, et l'humanité, la sagesse, laissoit à un groupe de puissances foibles et contiguës, l'usage des lois qui leur avoient été si longtemps chères, et qui les éloignoient l'une de l'autre sous le rapport des principes et des moeurs, aussi loin que du centre à l'un des deux pôles.

Mais l'Italie, laquelle au jugement de nos philosophes a montré autrefois cette foiblesse impolitique, vient de s'éclairer par de meilleures leçons.   Toutes les considérations morales doivent céder à la suprême sagesse du *porte-manteau*; républiques, monarchies, distinctions quelconques de gouvernemens aristocratiques tout doit être balayé avec le balai de 1795. Quelle sera la constitution de Gênes? un directoire et deux conseils. Celle de Mantoue? un directoire et deux conseils. Celle de Bologne? question oiseuse! Regardez à la page — du *porte - manteau*: Que dit-elle? Un directoire et deux conseils. C'est cela. *Venimus ad summum fortunae*, et nous sommes des faiseurs de lois plus expéditifs et plus profonds que les Anciens, *achivis doctius unctis*. Une règle uniforme tient lieu de toutes les applications variées de l'ancienne politique, les Minos, les Solon, les Lycurgue baissent la tête devant un simple rouleau de papier porté en triomphe dans toute l'Europe et parlant le même langage, intelligible ou non, à chaque peuple, quel que soit son idiome.

Des prétentions législatives de Buonaparte, nous pourrions descendre maintenant à considérer la fraude, l'hypocrisie, le blasphème, l'impiété, la cruauté et l'injustice qu'il n'a cessé de déployer dès le commencement de cette fameuse expédition; mais nous aimons mieux les laisser à la plume fidelle de l'histoire, qui sans doute les doit présenter un jour au juste mépris, à l'exécration de l'hmanité toute entière.

Nous nous permettrons cependant une ou deux observations sur sa cruauté. Nous choisirons ce vice entre [autres,

parce que les ignorans et les malveillans
de ce pays n'ont rien tant préconisé que
son humanité. Un homme dont on pourroit dire, si l'on croyoit un moment à
la métempsycose, que l'esprit de l'évê-
que Bonner a pris possession de lui, a eu
l'insigne folie d'affirmer que Buonaparté
« sa consolation et son triomphe » préfère
la conservation d'un seul citoyen à la
triste gloire de mille triomphes.

Où cet écrivassier, qui de son pupitre
insulte aux sentimens de ses compatrio-
tes, et qui ose vanter le plaisir que lui
causent les succès de leurs ennemis, où
a-t-il recueilli les preuves de ce tendre
intérêt de Buonaparte pour la vie d'un
citoyen ? Est-ce au pont de Lodi, où il en
a sacrifié six mille à la vanité de forcer
un passage qu'il auroit pu tourner sans
perdre un seul homme. Est-ce.....?
Mais à quoi bon multiplier les questions,
quand il n'y a peut-être pas un lecteur
de gazettes en Europe (excepté cet ennemi empoisonné de l'honneur de ses com-
patriotes), qui ne sache que Buonaparte
a versé follement plus de sang qu'aucun
Attila des temps anciens ou modernes,

qui avec les mêmes moyens s'est proposé le même but.

Nous pourrons peut - être, une autre fois nous étendre plus au long sur ce chapitre ; pour le moment nous nous bornons à renvoyer le lecteur à la lettre de-Boyer, (n°. xxii.) et nous revenons au sujet de l'expédition.

Nous l'avons appelée une farce, nous pourrions à plus juste titre l'appeler une tragédie. C'est, nous en sommes persuadés (au reste, nous prions de croire que c'est ici notre opinion individuelle et privée), c'est un plan profond dont les seuls acteurs qui soient dans le secret, sont le directoire, Buonaparte, et peut - être Berthier. Le complot principal est de se défaire de l'armée d'Italie ; le complot secondaire est de conquérir et de piller, n'importe quoi.... Si l'Egypte tombe, tant mieux ; si elle ne tombe pas, tant mieux encore. Le dénouement est effectué dans les deux cas, et le gouvernement débarrassé.

Mais alors à quoi bon faire toutesces dépenses, hasarder la seule flotte qui leur reste, exposer leurs plus habiles officiers, leurs plus profonds philosophes, leurs premiers savans dans tous les genres? Voilà, nous en convenons, des objections puissantes et raisonnables ; et si nous ne pouvions y répondre d'une manière satisfaisante à nos propres yeux, nous renoncerions sans hésiter, à l'opinion que nous avons avancée, pour adopter à sa place celle que l'on nous proposera.

Nous commencerons par établir que ce dont le Directoire fait le moins de cas, ce sont les savans. Il en a exporté plusieurs à Cayenne, pays encore pire que l'Egypte, et en France il en a fait une grande consommation en noyades, fusillades, etc. On peut donc croire en sureté de conscience qu'il les compte pour rien.

« Par rapport à la dépense », sans parler de l'espoir de se dédommager par le pillage de Malte et du Grand Caire (*), les vues importantes qu'on se proposoit en

____

(*) Cette idée n'est pas aussi chimérique qu'on pourroit bien l'imaginer : *l'Orient* avoit plus d'un demi-million à bord quand il a sauté.

valoient bien la peine. « Hasarder la flotte «, semble en effet une objection plus sérieuse; mais qu'on se rappelle que le Directoire n'avoit nulle idée qu'il nous fût possible d'envoyer dans la Méditer-ranée, c'est-à-dire, dans une mer que nous avions abandonnée depuis près de deux ans, une escadre assez forte pour l'attaquer, et c'est ici le lieu de payer un juste tribut d'applaudissemens au secret, à l'habileté et à la promptitude avec les-quels cette importante mesure a été ef-fectuée.

« Pour ce qui est d'exposer leurs meil-leurs officiers », nous disons, avec plus de confiance que jamais dans notre opi-nion, que le gouvernement n'a jamais eu un pareil dessein. Ils ont été envoyés, il est vrai, parce que l'armée n'auroit pu se mettre en mouvement sans eux; mais nous avons des preuves d'une certitude presque mathématique, qu'on avoit l'in-tention de les rappeler promptement en France. Il paroît par quelques-unes des lettres de Buonaparte qu'il n'avoit pas la moindre idée d'hiverner en Egypte: « Je passerai, dit-il, les mois d'hiver en Bour-

„ gogne, où je desire que vous me trou-
„ viez quelque petite retraite. » Voilà donc
le mot de toute l'énigme. Buonaparte devoit laisser l'aveugle troupeau qui l'avoit
suivi se fondre dans la possession tranquille de l'Egypte, et sous quelque pré-
texte plausible retourner en Europe avec
ses plus habiles officiers, et peut - être
avec une poignée des plus maniables et
des plus assouplis de ses soldats.

Ce plan seul explique l'obstination
mise à retenir la flotte sur la côte, en
dépit des remontrances de Brueys, et du
danger évident auquel elle étoit exposée.
Le motif étoit de ramener "le conquérant de l'Egypte triomphant en France»,
et l'amiral qui n'étoit pas dans le secret,
a fini par être la victime d'une perfidie
qu'il ne pouvoit pénétrer.

Le premier d'août a ruiné tous ces plans
si habilement tissus; et Buonaparte est
tombé dans les trames qu'il avoit ourdies
pour d'autres. Tout retour est à présent
impossible, à moins que ce ne soit comme fugitif ou comme prisonnier. Il a
le loisir maintenant d'entrer dans les
chambres des Pyramides, de s'entretenir

avec les imans et les Muphtis sur la tombe
de Chéops; il peut conquérir, organiser,
planter des jardins de botanique, et établir
des ménageries. Il peut, entouré de ses
cheicks bariolés des trois couleurs, par-
courir l'Egypte, du Delta à la Thébaïde,
et de la Thébaïde au Delta, et s'entendre proclamer par-tout l'*Ali Buonaparte*
du pays. Sottise que tout cela! Sa ruine
finale n'en sera ni moins infaillible, ni
moins prompte. Ses extravagantes mo-
meries ne serviront qu'à lui ôter toute
dignité dans sa chute, et à rendre la ca-
tastrophe de ce drame aussi ridicule que
terrible.

Ces conjectures ne paroîtront de notre part ni présomptueuses, ni précipitées,
quand on aura lu la correspondance que
nous publions. On y verra tous les officiers de l'armée mécontens de leur situation, brûlant de retourner en France,
détestant un Climat meurtrier, et déplo-
rant la folie qui les a jetés dans une expédition si absurde et si désespérée. On
y verra l'armée toute entière manquant
de tentes, de bagages et de munitions,
sans médicamens, sans vin, sans eau-

de-vie, ayant à peine les objets de première nécessité, et dénuée de tout ce qui
peut rendre la vie supportable.

Telle étoit le tableau fidelle de la situation des François avant la destruction de
leur Flotte. Il est aisé d'imaginer ce qu'elle
est devenue depuis. A cette accumulation
de misère et de désespoir, que l'on joigne
la haine invétérée des Arabes, la perfidie des Egyptiens, et la manière destruc-
tive dont les Mamelouks font la guerre:
que l'on y ajoute encore les maladies dé-
goûtantes de ce climat, les vents brûlans
et pestilentiels, des nuées dévorantes d'insectes venimeux, les exhalaisons d'un mil-
lier de canaux desséchés et infects, et
l'on ne doutera plus de la justesse de nos
conjectures.

Quant aux choix des lettres, dans la
correspondance interceptée, nous avons
eu égard à la variété, autant que notre
plan nous l'a permis. Toutes, à l'exep-
tion d'un petit nombre, sont extrêmement bien écrites. Elles ont encore un
autre mérite plus précieux, elles sont ten-
dres et affectueuses; et nous voyons avec
plaisir qu'une philosophie impie et bar-

bare n'a pas encore réussi à étouffer tous les sentimens de la nature.

Encore un mot, ce n'est pas pour faire rire nos lecteurs que nous avons donné place dans notre collection aux lettres de Guillot, de le Turcq etc. Nous avons voulu qu'elles servissent à prouver que depuis le premier de l'armée, jusqu'au dernier, depuis les beaux esprits, jusqu'à ceux qui savent à peine écrire, il règne un mécontentement et un dégoût universel, et que dans l'armée entière, autant du moins que cette correspondance peut nous en instruire, il n'est pas un seul individu qui songe à se fixer en Egypte, pas un seul qui ne jette un oeil d'anxiété et de regret vers sa patrie, pas un seul qui n'envisage avec horreur et désespoir, le séjour de ce paradis terrestre, ne fût-ce que pour quelques semaines.

CORRESPONDANCE

DE

L'ARMÉE FRANÇAISE

EN EGYPTE,

N°. I.

Au Citoyen JOSEPH BUONAPARTE, *Député au Conseil des Cinq-Cents , Rue des Saints Pères, No.* 1219, *Faubourg Germain, à Paris.*

Alexandrie, le 18 *Messidor, an* **6.**

Nous sommes en cette ville depuis le 14, mon cher frère ; elle a été prise d'assaut ; je vais vous détailler nos opérations, non en commentateur, mais telles que j'ai pu les suivre.

Le 13, à la pointe du jour, nous découvrimes les côtes d'Afrique, que l'avant-garde avoit signalées la veille ; bientôt nous fumes à la hauteur des îles des Arabes, à 2 lieues d'Alexandrie, et la frégate la Junon, qui avoit été expédiée pour amener le Consul de France de cette ville, nous joignit.

Celui - ci nous apprit qu'une escadre angloise de 14 vaisseaux de ligne, dont deux à trois ponts, avoit passé à vue d'Alexandrie, y avoit envoyé des lettres pour le Consul anglois, et avoit appris la prise de Malte aux négocians; elle a fait ensuite route sur Alexandrette, comptant sans doute que nous y avions été débarquer pour nous rendre aux Indes par Bassora. Cette escadre avoit été en effet signalée par la Justice après notre départ de Malte: elle a eu la gaucherie de ne pas nous trouver. Les Anglois doivent être furieux. Il faut être extrêmement hardi et heureux pour traverser une escadre nombreuse avec des forces moindres, un convoi de quatre cents petits bâtimens, et enlever en chemin une place telle que Malte, moitié par force et moitié par négociation.

Jusqu'à présent j'ai cru que la fortune pouvoit abandonner mon frère, aujourd'hui je crois qu'il réussira toujours si les troupes gardent un peu de l'esprit national qui les anime si bien.

Les Mamelouks savoient depuis trois se-

maines par des bâtimens de commerce expédiés de Marseille, les détails de notre
embarquement; voyant paroître les Anglois,
ils crurent que c'étoit notre flotte; de manière que lorsque nous parumes réellement
le 13, ils étoient prêts à nous recevoir. La
mer étoit grosse ce jour-là, les marins ne
vouloient point que le débarquement eût
lieu. Les vaisseaux mouillèrent à deux
lieues au large. La journée se passa en préparatifs, et enfin à onze heures du soir nous
débarquames sur de petits canots avec une
mer et un vent très-orageux.

Nous marchames toute la nuit avec deux
mille hommes d'infanterie, et le lendemain
à la pointe du jour nous investimes Alexandrie, après avoir chassé différens détachemens de cavalerie; les ennemis se défendoient courageusement, l'artillerie qu'ils
avoient sur les tours et les murailles étoit
mal servie, mais leur mousqueterie étoit
très-bonne. Ces gens-là ne savent pas
broncher, ils donnent ou reçoivent la mort
sur leurs ennemis. Cependant la première
enceinte, c'est-à-dire, celle de la ville des
Arabes, fut enlevée. Bientôt après, la seconde, malgré les feux des maisons. Les

forts qui sont de l'autre côté de la ville sur les bords de la mer furent investis, et le soir capitulèrent.

Depuis le 14 on est occupé au débarquement des troupes, de l'artillerie, et des effets. Le Général Désaix est sur le Nil à Demenhour. Les autres devoient le suivre.

Le lieu du débarquement est à deux lieues d'ici à la tour de Marabout, ou les îles des Arabes. Les deux premiers jours, il y eut beaucoup de traîneurs que la cavalerie Mamelouk et Arabe harcelèrent ; je crois que nous avons perdu 100 tués et autant de blessés. Les Généraux Kleber, Menou et Lescalle ont été blessés.

Je vous envoie la proclamation aux habitans du pays, et trois autres à l'armée. Elle a fait un effet merveilleux ; les Arabes Bédouins, ennemis des Mamelouks, et qui sont, à proprement parler, des voleurs intrépides, dès qu'ils l'eurent reçue, nous ont rendu une trentaine de prisonniers, et se sont offerts pour combattre avec nous les Mamelouks. On les a très-bien traités. Ce sont des gens invincibles, habitans des déserts brûlans, montés sur les chevaux les plus légers du monde, et extrêmement braves. Ils habitent avec leurs femmes et leurs enfans des camps volans, qui changent toutes les nuits. Ce sont des sauvages horribles ; cependant ils connoissent l'or et l'argent, il en faut bien peu pour causer leur admiration. Ils aiment l'or, mon cher frère, ils passent leur vie à l'arracher aux Européens qui tombent en leurs mains, et pourquoi faire ? pour continuer ce genre de vie et l'apprendre à leurs enfans. Oh, Jean Jacques, que ne peut-il voir ces hommes, qu'il appelle „les hommes de la nature!" il frémiroit de honte et de surprise d'avoir pu les admirer.

Adieu, mon cher frère, donnez-moi de vos nouvelles, j'ai souffert beaucoup dans la traversée ; ce climat-ci m'accable, il nous changera tous. Quand nous reviendrons on nous reconnoîtra de loin. Je suis un peu malade, et obligé de rester ici quelques jours. Tout le monde part demain. Adieu, je vous embrasse de tout mon coeur. Rappelez-moi au souvenir de Julie, Caroline, etc. et au législateur Lucien ; son voyage avec nous lui eût été fort utile ; nous voyons plus en deux jours que les voyageurs ordinaires en deux ans.

Il y a ici de remarquable la colonne de
de Pompée, les obélisques de Cléopâtre,
le lieu où étoient ses bains, beaucoup de
ruines, un temple souterrain, des catacombes, quelques mosquées, et quelques
églises; mais ce qui l'est plus que tout cela,
ce sont le caractère et les moeurs des habitans. Ils sont d'un sang-froid étonnant.
Rien ne les émeut, la mort est pour eux,
ce qu'est le voyage d'Amérique pour les
Anglois.

Leur extérieur est imposant: nos physio-
nomies les plus caractérisées, sont des mines
d'enfans en comparaison des leurs; elles
ont plus que nous une variété étonnante.
Les femmes sur-tout couvertes d'un drap,
dont elles s'enveloppent et se couvrent la
tête jusqu'au sourcil; un linge (pour les
femmes du peuple), leur couvre le visage
depuis le front, ne laissant que les ouver-
tures des yeux, de manière que pour peu que
le linge soit flétri, elles font peur.

Leurs forts et leur artillerie sont d'un ridicule achevé; ils n'ont point de serrures,
point de croisées. Enfin ils sont dans
l'aveuglement des premiers temps.

Oh! combien de misanthropes seroient

convertis si le hasard les jetoit au milieu des déserts de l'Arabie

Adieu, mon cher frère, tout à vous,

J. C. BUONAPARTE.

P. S. Je vous prie, mon cher frère, de faire donner de mes nouvelles à la citoyenne Coupry, ma vieille et ancienne hôtesse, rue St. Honoré, N°. 27, près le passage des Feuillans; lui dire que je n'ai pas eu le temps de lui écrire, et que je me rappelle à son souvenir.

N°. II.

Au Mouillage d'Aboukir, le 20 Messidor, an 6.

Nous voici, mon cher Jaubert, sur les côtes de l'Egypte ; nos braves ont entamé son territoire, et tout nous promet qu'avant peu de temps, au despotisme imprévoyant des Mamelouks, et à l'apathie des Egyptiens, auront succédé un gouvernement créateur, et une émulation jusqu'à présent inconnue parmi les habitans.

Nous sommes maîtres d'Alexandrie : nos troupes ont occupé en passant Aboukir, ont pris Rosette, et ont conséquemment en leur pouvoir, une des principales bouches du Nil. Je suppose que tu as sous les yeux la carte et le Voyage de Savary, ou de quelque autre.

Le 13 Messidor, à six heures du matin, nous étions à six lieues d'Alexandrie. La frégate la Junon eut ordre d'aller à l'entrée du port remettre au Consul françois une lettre ostensible, mais avec mission expresse d'emmener le Consul et tous les François qui se trouveroient dans la ville. Tout y étoit en combustion; depuis deux mois on parloit de la descente des Français, on s'y étoit mis en défense *à la manière des Turcs.*

L'apparition qui avoit eu lieu le 10 d'une escadre angloise de 14 vaisseaux, que le Gouverneur d'Alexandrie s'obstinoit à regarder comme françois, avoit redoublé les alarmes de la ville, et rendu de plus en plus critique la position des habitans françois. Le Consul obtint cependant trois heures pour se rendre à bord de la Junon; cette frégate l'amena sur l'Orient; on sentit la nécessité d'agir promptement, soit pour arracher Alexandrie aux Anglois, soit pour mettre notre escadre à couvert d'un combat qui eût été très - inégal dans le désordre d'un premier mouillage sur un fond inconnu.

La flotte angloise a joué de malheur, elle nous a manqués sous la Sardaigne, elle a manqué ensuite le convoi de Civita Vecchia, composé de 57 bâtimens, et portant 7000 hommes d'Italie. Elle n'est arrivée devant Malte que cinq jours après que nous avons quitté cette île; elle est arrivée devant Alexandrie deux jours trop tôt pour nous y rencontrer. Il est à présumer qu'elle est montée jusqu'à Alexandrette, croyant que c'est là que doit s'opérer le débarquement pour la conquête de l'Inde. Nous la verrons enfin, mais nous sommes mouillés de manière à tenir tête à une flotte double à la nôtre.

Telle a été pourtant la position critique où nous nous sommes trouvés le 13 au matin, que quelque prompt que fût le débarquement, nous pouvions être surpris par les Anglois au milieu de l'opération. Aussi dès quatre heures du soir, le Général en Chef étoit-il sur une galère avec son Etat-Major, environné des canots et chaloupes des bâtimens qui avoient envoyé des détachemens pour la descente.

Le 14 au matin, le débarquement s'est opéré sur le fort appelé *Le Marabou*, à deux lieues à l'ouest d'Alexandrie. Point de résistance ! pas un canon au Marabou ! La troupe s'achemine par peletons vers la ville ; les traîneurs ou ceux qui s'écartent, sont attaqués par des partis d'Arabes, et de quelques Mamelouks qui voltigent çà et là. Il y a des combats particuliers où nous perdons quelques hommes. Arrivés à la ville, nos braves éprouvent de la résistance. Des canons de 3 et 4 (et nous n'en avions pas encore) des carabines, des pierres, tout annonce la résolution de se défendre. Le Général Kleber est blessé à la tête, le Général Menou en plusieurs endroits. Mais à onze heures nous étions maîtres d'Alexandrie, et les tirailleurs qui se défendoient par les fenêtres étoient ou cachés ou tués. Les Mamelouks et une grande quantité d'Arabes s'étoient refugiés dans le désert. Restoit une partie des habitans fort étonnés qu'on ne leur coupât pas le cou, et lisant avec extase la proclamation que le Général en Chef avoit fait imprimer en Arabe, et que vous lirez surement dans les papiers publics.

Cette proclamation a donné lieu à deux singularités remarquables. La veille nous avions pris quelques Turcs et Arabes que nous avions retenus à bord ; il s'agissoit de calmer leur imagination et d'en faire des apôtres. Ce fut un prêtre Maronite de Damas (*Chrétien comme nous*) qui fut chargé de les leur lire et d'y faire un petit commentaire. Quand vous verrez la proclamation, vous jugerez comme ce rôle lui alloit.

Le jour de la descente, le contre Amiral turc, qui étoit dans le port d'Alexandrie avec la Caravelle (gros vaisseau du Grand Seigneur) destiné à percevoir les tributs de l'armée, envoya à bord de l'Orient son Capitaine de Pavillon avec un présent *de deux moutons*, pour s'informer des projets de l'armée navale; on lui donna à lire la proclamation; il s'en excusa sur ce qu'il ne savoit pas lire l'Arabe, on y suppléa. Chaque passage qui traitoit de l'insolence des Mamelouks le faisoit bondir de joie. Il demanda des proclamations pour les répandre, et assura que le contre Amiral qui représentoit le Grand Seigneur, donneroit à chacun l'ordre de bien accueillir les François; enfin il se retira très-satisfait après avoir pris le caffé et mangé la confiture. La Caravelle est encore dans le port avec son Pavillon de commandement.

Le 16, je descendis à Alexandrie avec l'Amiral; ce qui avoit resté d'habitans, ainsi que les Arabes de la campagne, me parurent assez bien remis de leur frayeur, et assez confians. On voyoit dans le Bazar (marché)

des moutons, des pigeons, du tabac à fumer,
et sur - tout force barbiers qui mettent la
tête du patient entre leurs genoux et qui
semblent plutôt prêts à la décoler, qu'à lui
faire sa toilette. Ils ont cependant la main
fort légère. Je vis aussi quelques femmes,
elles sont affublées de longs vêtemens qui
cachent absolument leurs formes, et qui ne
laissent découverts que les yeux, à-peu-près
comme les habillemens des pénitens de nos
provinces méridionales.

Cette ville où l'on dit qu'il reste 10,000
habitans n'a de l'ancienne Alexandrie que le
nom, encore les Arabes l'appellent-ils *Scan-
deria*. Les traces de son enceinte annon-
cent qu'elle étoit fort grande et qu'elle a bien
pu contenir les 300,000 ames que les historiens lui donnent. Mais le despotisme,
l'abrutissement qui l'a suivi, et enfin la découverte du Cap de Bonne-Espérance l'ont
successivement réduite à l'état misérable où
on la voit.

C'est un amas de ruines où l'on voit telle
maison bâtie de boue et de paille, adossée
à des tronçons de colonnes de granit. Les
rues n'y sont pas pavées: l'image de la destruction ressort bien davantage à la vue de

deux monumens qui seuls ont traversé intacts les siècles qui ont tout dévoré autour d'eux. C'est la colonne de Pompée et qui a été élevée par Sévère; je ne l'ai vu qu'à une certaine distance, mais j'ai vu de près et mesuré de l'oeil l'obélisque appelée l'aiguille de Cléopâtre; elle est d'une seule pierre de granit très-bien conservée, elle m'a paru avoir 72 pieds de hauteur, 7 à sa base, et 4 vers le sommet; elle est surchargée d'hiérogliphes sur ses quatre faces. On voit çà et là quelques datiers, arbres tristes, qui ressemblent assez de loin au pin, dont la tige a été dépouillée jusques vers le sommet.

Tel est l'abord de cette terre dont l'intérieur est si fertile, et qui sous un gouvernement éclairé peut voir renaître les siècles d'Alexandre et des Ptolomées.

Arrivés au quartier Général à l'extrémité de la ville, nous y trouvames un mouvement, un air de vie qui y étoit inconnu depuis long-temps, des troupes qui débarquoient, d'autres qui se mettoient en marche pour traverser le désert vers Rosette. Les Généraux, les soldats, les Turcs, les Arabes, les chameaux, tout cela formoit des con-

trastes qui peignoient au naturel la Révolution qui alloit changer la face de ce pays.

Au milieu de cette confusion paroissoit
le Général en Chef, réglant la marche des
troupes, la police de la ville, les précautions
sanétaires contre la peste, traçant de nouvelles fortifications, co · ordonnant les mouvemens de l'armée navale avec ceux de l'armée de terre, dépêchant avec des Arabes
soumis des proclamations aux tribus épou-
vantées. Un grand exemple frappa dans ce
moment; un militaire fut amené qui avoit
enlevé un poignard à un Arabe paisible; le
fait vérifié en un instant, le militaire fut
fusillé sur la place.

Aussi dès le lendemain une tribu entière de trois mille Arabes envoya-t-elle
au Général en Chef des députés qui jurèrent
avec lui, *sous peines de l'Enfer*, amitié
entre les deux nations. Ils ramenèrent des
prisonniers parmi lesquels il se trouva une
femme, ils l'avoient battue. Cette tribu
veut fournir des soldats tout armés, d'autres
imiteront sûrement cet exemple. Guerre
aux Mamelouks! paix aux Arabes! tel sera
le cri qui grossira nos armées et qui balayera

devant nous les oppresseurs de cette partie du monde.

Je suis forcé de finir, le bâtiment part. Je n'ai pas relu pour voir si on a fidellement copié. Suppléez-y. Adieu.

J a u b e r t.

N°. III.

N°. III.

(Pour vous seul.)

Au Général Bruix.

En Rade d'Aboukir, le 21 Messidor.

Je vous rends un compte administratif
par ma lettre de ce jour, mon cher Bruix;
je dépose ma circonspection ordonnatrice
pour vous parler de notre position dans ce
pays. Il n'y aura pas d'ordre dans ma lettre,
parce que je suis continuellement distrait
par les demandes réitérées que vous savez
qu'on n'épargne pas au mouillage, et que
d'ailleurs le bâtiment courrier est prêt à partir.

En général les officiers de terre et de mer
se sont quittés froidement. L'entassement
où l'on étoit pour les logemens, et la
maigreur des tables devoient nécessairement
produire ces effets.

Tous les ordres un peu importans ont
dans le commencement été donnés par le Gé-
néral en Chef, par la suite le Chef de l'Etat-
Major Berthier les transmettoit à l'Amiral.
Ceux pour la descente soit à Malte soit à
Alexandrie ont été donnés le premier le jour

même, l'autre deux jours auparavant. Vous
savez quelle différence il y a entre les préparatifs de mer et ceux de terre : mais telle est
la méthode du Général en Chef, et tout a
parfaitement réussi.

Malte est sans approvisionnemens, avec
très-peu d'argent, et une vente nécessairement éloignée de biens nationaux. Une immense population y étoit nourrie par l'Ordre.
Les secours de France ne seront pas, je l'imagine, abondans; ceux d'Egypte ne sont pas
prêts d'être réalisés; c'est pourtant un point
militaire bien intéressant.

Cinq ou six jours avant notre arrivée, la
peste avoit cessé à Alexandrie. Il y avoit
pourtant au Port Neuf un bâtiment qui en
étoit infecté, et d'où quelques marins s'étoient
échappés dans la ville. Il n'est pas arrivé
d'accident ; d'ailleurs vous savez que dans
la grande chaleur la peste n'a plus de prise
en Egypte.

Vous rirez, peut-être vous autres Pari-
siens de la proclamation Mahométane du Général en Chef; il a passé par dessus les Laz-
zi, et elle produira un très - grand effet.
Vous vous rappelez celui produit par le cri
magique, *guerre aux Châteaux, paix aux*

Cabanes. Le Général en Chef arrivera au Caire avec une grande armée — mais les divisions feront le reste.

Quand l'officier et le soldat virent Alexandrie et les déserts, qui l'environnent, ils furent frappés de stupeur. Buonaparte a tout ranimé.

Les Arabes et les Mamelouks ont traité quelques-uns de nos prisonniers comme Socrate, dit-on, Alcibiade. Il falloit périr ou y passer : un grenadier s'est fait tuer. Ils n'avoient que battu les femmes qu'ils nous avoient prises.

Le port d'Alexandrie est nul en approvisionnemens maritimes, nul en établissemens. La conquête présente plus de ressources, mais on en tirera par la suite un immense parti. Alexandre fit tout dans un an.

Il est encore incertain si des vaisseaux de 74 peuvent y entrer. Deux Vénitiens de 64 y sont. On parloit de faire décharger l'artillerie pour y entrer : mais qu'y aurions-nous fait ? et quand et comment serions-nous sortis ?

Nous sommes au mouillage d'Aboukir, à 5 lieues Est d'Alexandrie, assez bon pour l'été. Il est intenable en hiver. Les Anglois, (ils ont 14 vaisseaux et nous 13, dont trois foibles,) sont dans nos parages; nous les attendons; l'opinion générale étoit (mais aussi pouvoit-il y entrer quelque sentiment personnel), qu'aussitôt le débarquement opéré, nous aurions dû partir pour Corfou, où nous aurions été ralliés par nos vaisseaux de Malte, de Toulon, et d'Ancone pour être prêts à tout. Le Général en a décidé autrement. Le bonheur qui accompagne ses opérations suivra aussi celle-ci. Au reste, nous sommes ici sous le vent du fatalisme, et son souffle ébranle un peu mes principes.

Comme les hommes sont imprévoyans dans les voeux qu'ils forment! j'avois quelque velléité de rester Ordonnateur quelque temps à Malte : mais quand j'ai vu qu'au moins la première année ce port ne recevroit ni de France, n'y d'Egypte aucun secours qui en rendît le séjour supportable; qu'une population nombreuse souffriroit au moins pendant un temps les douleurs du passage d'une organisation mauvaise, sans doute, mais stable, à une organisation toute différente; — je me suis dit; ,,qu'un autre soit témoin de ces angoisses, et réservons nos voeux pour Alexandrie.`` Là, j'ai eu tout à faire, tout à souffrir, et du climat et des hommes, et je me suis accroché plus fortement que jamais à l'armée navale, décidé à suivre ses destinées. J'ai souvent jeté les yeux vers la France, vers mes amis, mais je n'ai pas regretté un seul instant les sacrifices que j'ai faits.

Adieu, mon cher Bruix, soyez heureux, réalisez vos voeux pour la restauration de la marine. Recevez les assurances de mon tendre et éternel attachement.

JAUBERT.

Permettez que Madame Bruix, et Mademoiselle Thérèse trouvent ici mes hommages respectueux.

Je ne vous fais pas la relation de la prise d'Alexandrie. Je charge Forestier de vous lire les lettres que je lui écris.

Comme il y a beaucoup d'indiscrétion dans cette lettre, vous me ferez plaisir de la brûler après l'avoir lue.

No. IV.

L'Amiral B r u e y s, *Commandant les Forces Na-*
vales de la République dans la Méditerranée,
au Ministre de la Marine et des Colonies.

A bord de l'Orient, le 21 Messidor, an 6.

Citoyen Ministre,

JE vous ai écrit de Malte en date du 26
Prairial; je vous rendois compte de l'arrivée
de la flotte sur ce parage, et de la prise
de l'île. L'armée et le convoi étoient sous
voile le 1er Messidor, et le 13 suivant nous
arrivames devant le port-vieux d'Alexandrie.

Je m'étois fait précéder par la frégate
la Junon pour aller prendre le Consul, ce
qui réussit parfaitement. Le citoyen Magallon neveu arriva le 13, et nous dit que
le 10, une escadre angloise s'étoit présentée en ligne de bataille devant le port
d'Alexandrie, où elle avoit détaché un brick,
et qu'à son retour cette escadre avoit dirigé sa route dans le N. E. On l'avoit
jugé composée de quatorze vaisseaux de
ligne.

Le Consul nous dit qu'on s'attendoit
depuis long-temps à l'arrivée des François,

qu'il y avoit beaucoup de fermentation et une grande inquiétude dans le pays.

Le Général en Chef désira être débarqué sur-le-champ. Je fis mouiller l'armée et le convoi sur la côte, et dans la nuit du 13 six mille homme furent mis à terre dans une anse à l'Ouest du port-vieux auprès d'un château nommé *Le Marabou*, distant d'environ deux lieues de la ville. Personne ne s'opposa à la descente.

Le 14 à midi, nos troupes étoient dans la ville, et trois heures après le fort se rendit. Il y eut quelque résistance à la muraille qui entoure la ville, mais elle fut bientôt escaladée. On tira quelques coups de fusil dans les rues par les fenêtres. Le fort tira quelques coups de canon et bref, tout se rendit.

Je débarquai toutes les troupes et les effets appartenant à l'armée de terre, et le 19 ayant été reconnu que les vaisseaux ne pouvoient pas entrer dans le port à cause du peu de profondeur qu'il y a à l'entrée, je fis mouiller le convoi et les Vénitiens, je mis sous voile pour aller mouiller à la rade de Bequier, avec les treize vaisseaux et trois frégates.

J'y arrivai l'après midi, et je formai une ligne de bataille à $\frac{2}{3}$ d'encablure de distance, le vaisseau de tête le plus près possible de l'écueil qui nous reste dans le N. O. et le reste de la ligne formant une ligne courbe le long des hauts-fonds de manière à ne pas être doublé dans le S. O. Cette position est la plus forte que nous puissions prendre dans une rade ouverte, où l'on ne peut pas s'approcher assez de terre pour y établir des batteries, et où deux escadres ennemies peuvent rester à la distance qui leur convient.

Nos troupes sont entrées hier 19 à Rosette, et l'armée est en marche pour le Caire.

Nous faisons entrer dans le Nil le plus de bâtimens légers possibles, et le Général en Chef m'a demandé le Chef de division Perrée pour les commander. Cette flottille a fait route ce matin pour essayer de passer sur la barre de Rosette. Vous voyez que nous marchons à la conquête de l'Egypte à pas de géant.

Il est fâcheux qu'il n'y ait pas un port où une escadre puisse entrer ; mais le port vieux tant vanté est fermé par des rescifs

hors de l'eau, et sous l'eau, qui forment
des passages fort étroits, et entre lesquels
il n'y a que 23 pieds, 25 et 30. La mer
y est ordinairement élevée, et vous voyez
qu'un vaisseau de 7½ seroit fort exposé,
d'autant qu'il seroit brisé un quart d'heure
après y avoir touché. J'ai offert, pour satisfaire au désir du Général en Chef, dix
mille francs au pilote du pays qui entre-
roit l'escadre; mais aucun n'a voulu se charger que d'un bâtiment qui tireroit au plus
vingt pieds d'eau. J'espère cependant, qu'on
parviendra à trouver un passage dans lequel nos 74 pourront entrer; mais ce ne
peut-être que le fruit de beaucoup de soins
et de peines.

. J'en ai chargé deux officiers intelligens,
l'un est le Capitaine de frégate, Barré, commandant l'Alceste, et le second le citoyen
Vidal, Lieutenant de vaisseaux; s'ils trouvent un canal, ils le baliseront, et alors on
pourra entrer sans beaucoup de danger. Le
fond en dedans des rescifs va en augmen-
tant jusqu'à 15 brasses; mais la sortie sera
toujours très-difficile et très-longue; et
dès-lors une escadre y sera mal placée.
Je n'ai plus entendu parler des Anglois;

ils ont peut-être été nous chercher en Syrie, ou plutôt je pense qu'ils avoient moins de 14 vaisseaux, et que ne se trouvant pas en nombre supérieur, ils n'auront pas jugé à propos de se mesurer avec nous.

Nous attendons avec grande impatience que la conquête de l'Egypte nous procure des vivres; nous en fournissons continuellement aux troupes, et tous les jours on nous fait quelques nouvelles saignées. Ils ne nous reste que pour 15 jours de biscuit; et nous sommes dans ce mouillage comme en pleine mer, c'est-à-dire, consommant tout, et ne remplaçant rien.

Nos équipages sont très-foibles en nombre et en qualité d'hommes; nos vaisseaux sont en général fort mal armés, et je trouve qu'il faut bien du courage pour se charger de conduire des flottes aussi mal outillées.

Je ne crois pas devoir entrer dans de plus grands détails sur notre situation; vous êtes marin, et vous sentirez mieux notre position, que je ne pourrois vous la dépeindre.

Je vais vous transcrire le paragraphe de

la lettre du Général en Chef que je viens
de recevoir:

   „ J'ai demandé au Directoire exécutif,
„ le grade de Contre Amiral pour votre
„ Chef d'Etat-major Ganteaume; je vous prie
„ de le faire recevoir. J'ai cherché par-là à
„ donner une preuve d'estime et de recon-
„ noissance aux bons services, à l'activité,
„ et au zèle qu'a mis votre Etat-Major, et
„ en général toute l'escadre, à exécuter les
„ ordres du Gouvernement.

     (Signé)   BUONAPARTE. "

    Salut et respect,

          BRUEYS.

N°. V.

Emmanuel Perrée, Chef de Division, au Vice-Amiral Brueys, Commandant en Chef la Force Navale en station devant Alexandrie.

A Gisé, le 6 Thermidor, an 6.

Citoyen Général.

Depuis notre séparation, je n'ai cessé de rappeler au Général en Chef la position où je vous avois laissé; ce à quoi il a pris beaucoup de part. Il a saisi la première occasion qui s'est présentée pour vous faire passer 58 schermes chargées de différentes denrées.

Tant qu'à nous, notre position n'a pas été des plus belles depuis notre séparation; le 25 Messidor, nous avons rencontré l'armée ennemie au point du jour. J'avois pour lors 3 canonnières, la galère, et le Cerf. L'ennemi avoit 7 canonnières portant du 24 et du 36. L'affaire a commencé à 9 heures; deux de mes canonnières et la galère ont été abandonnées par rapport au grand feu de l'ennemi, qui nous battoit par mer et par terre.

Il s'en étoit déjà emparé, mais le grand feu que faisoit le Cerf, et une autre canonnière l'ont obligé d'abandonner sa proie. J'ai coulé bas leur canonnière commandante, et la déroute s'est mise dans leur flottille; ils n'ont eu que le temps de fuir. Assurément si 3 de mes meilleurs bâtimens n'eussent pas été forcés de céder, il n'auroit plus été question de la flottille ennemie. J'ai eu 20 hommes blessés, et plusieurs tués. J'ai eu mon sabre enlevé, et un peu du bras gauche, cependant j'espère que cela ne sera rien; je suis presque guéri.

La misère de la traversée ne peut se peindre. Nous avons été réduits pendant quelques jours à ne vivre que de pastiche, et toutes les heures la fusillade de la part des Arabes, cependant toujours vainqueurs, à quelques morts et blessés près.

Le Nil n'est pas tel qu'on me l'avoit dit; il est très-tortueux, fort peu d'eau, puisque j'ai été obligé de laisser le schebeck, la galère, et 2 canonnières, à 13 lieues du Caire, où je suis arrivé, hier, à 8 heures du soir.

Le peu de temps dont je puis disposer, ne

me permet pas de plus grands détails. Notre armée a eu une affaire très-vive avec les Mamelouks, dont il a péri plus de 12 cents: notre perte est peu considérable; on l'évalue à 20 tués, et 150 blessés.

Salut et respect,

Emmanuel Perrée.

P. S, Je vous prie, Général, de me faire passer 5 à 6 officiers intelligens, et une quarantaine d'hommes. Vous m'obligerez, ainsi que le Général en Chef.

N°. VI.

Colbert *à son ami* Collasse.

Tersi, le 7 Thermidor, an 6.

Je m'empresse, mon cher ami, de te donner de mes nouvelles, et te dire quelques mots des souffrances, et des désagrémens que nous avons éprouvés.

L'incertitude où je suis encore du sort de mes effets m'a souvent fort inquiété. Je suis dans l'état de dénuement le plus parfait, ayant pour me couvrir la chemise et les effets que j'avois sur mon corps en partant d'Alexandrie. Ainsi, pour cet objet, je te prierai de confier à Douzelot, s'il veut bien s'en charger, mes malles ; ou dans le cas contraire, tu pourrois les confier à un des officiers chargés de faire parvenir les effets des demi-brigades. Donne-moi, je t'en prie, quelques détails sur ce qu'est devenu Daure, mon argent, et mes bijoux : je n'en sais pas un mot.

A présent que je t'ai parlé de mes affaires, je te dirai, qu'il m'est presque impossible de te donner une idée de ce que nous avons éprouvé; souffrances sur souffrances, privations, mortifications, fatigues, nous avons tout éprouvé de la première main. Les trois quarts du temps mourir de faim. Tel est le tableau succinct de mon existence depuis que je t'ai quitté!

Quoique nos moyens soient plus grands, notre existence n'en est pas plus heureuse. Eloigné de tous nos amis, je ne parle pas du succès de nos armes: tu en entendras assez parler.

Adieu mon cher ami, pense à ce que je te demande; songe que je suis nu, et que tu me rendras le service le plus signalé.

Ton Ami,

Colbert.

P. S. Mille choses à Tellier.

Au Commissaire des Guerres, Collasse, *chargé du Service de la Place d'Alexandrie.*

N°. VII.

Au Général BOURNONVILLE. *No.* 61, *Rue du Faubourg - Honoré,* à *Paris.*

Au Grand Caire, le 8 *Thermidor.*

Nous sommes au Caire depuis 4 jours, mon cher Général ; notre marche a été très-pénible, sous un ciel brûlant, sur des sables, et dans des déserts arides ; souvent sans eau, et sans pain : une attaque de vive force a pris Alexandrie ; un combat vif, mais d'un instant, a décidé de la prise du Caire.

Je me porte aussi bien qu'il est possible de le faire, dans un climat étranger, et qui ne me convient nullement ; nous allons probablement prendre un peu de repos ici ; alors seulement, nous pourrons distinguer l'effet de la fatigue, de l'influence du climat, et décider si nous vivrons long-temps ici.

Je ne vous écris pas, mon cher Général, autant que je le désirerois ; mais il faut que la lettre soit courte pour qu'elle puisse arriver; peut-être la mienne est-elle déjà trop longue. Oserois-je vous prier de mander à ma famille, que vous avez reçu de mes nouvelles.

Croyez, mon cher Général, à tout mon attachement; mille lieues de distance ne l'ont point affoibli.

D.

N°. VIII.

BUONAPARTE, *Membre de l'Institut National, Général en Chef, à l'Amiral* BRUEYS.

Au Quartier-général du Caire, le 9 Ther-
midor, an 6.

APRÈS des marches bien fatigantes, et quelques combats, nous sommes enfin arrivés au Caire. J'ai été spécialement content de la conduite du Chef de Division, Perrée, et je l'ai nommé Contre Amiral.

Je suis instruit d'Alexandrie, qu'enfin on a trouvé une passe telle qu'on pouvoit la désirer; et je ne doute pas que vous ne soyez, à l'heure qu'il est, dans le port avec toute l'escadre.

Vous ne devez avoir aucune inquiétude sur les subsistances de l'armée navale; ce pays-ci est un des plus riches que l'on puisse s'imaginer, en blés, légumes, riz et bestiaux.

J'imagine que demain ou après, je recevrai de vos nouvelles; je n'en ai point eu depuis mon départ d'Alexandrie.

Dès que j'aurai reçu de vous une lettre qui me fera connoître ce que vous avez fait, et votre position, je vous ferai passer des ordres sur ce que nous avons encore à faire.

L'Etat-Major vous aura, sans doute, envoyé un rapport sur notre dernière victoire.

Je pense que vous avez une frégate qui croise devant Damiette; comme j'envoie prendre possession de cette ville, je vous prie de donner l'ordre à l'officier qui commande cette frégate de se rapprocher le plus possible, et d'entrer en communication avec nos troupes, qui y seront lorsque vous recevrez cette lettre.

Faites partir le courrier que je vous envoie pour prendre terre à l'endroit qui paroîtra le plus convenable, selon les nouvelles que vous avez de l'ennemi, et les vents qui règnent dans cette saison.

Je désirerois que vous pussiez y envoyer une frégate qui auroit ordre de partir 48 heures après son arrivée dans le port, soit de Malte, soit d'Ancone, en recommandant à l'officier qui la commanderoit de nous apporter les journaux et toutes les nouvelles que lui donneroient nos agens.

J'ai fait filer sur Alexandrie une grande quantité de denrées pour solder le nolise des bâtimens de transport.

Mille choses à Ganteaume, et à Casabianca.

Je vous salue.

BUONAPARTE.

N°. IX.

BUONAPARTE, *Membre de l'Institut National, Général en Chef, au Général de Division,* KLEBER.

Au Quartier-général du Caire, le 9 Thermidor, an 6.

Nous avons au Caire, citoyen Général, une très-belle monnoie. Nous aurions besoin de tous les lingots que nous avons laissés à Alexandrie, en échange de quelque numéraire que les négocians nous ont donné. Je vous prie donc de faire réunir tous les négocians auxquels ont été remis les dits lingots, et de les leur redemander. Je leur donnerai en place, des blés et du riz, dont nous avons une quantité immense.

Notre pauvreté en numéraire est égale à notre richesse en denrées; ce qui nous oblige absolument à retirer du commerce le plus de lingots et d'argent que nous pouvons, et à leur donner en échange des denrées.

Je n'ai pas reçu de vos nouvelles depuis mon départ d'Alexandrie. Vous aurez eu bien des fausses nouvelles, de l'inquiétude. Je vous ai écrit souvent par les gens du pays, mais je crains que les Arabes les ayent interceptées, comme je pense qu'ils ont intercepté les vôtres. J'attends de vos nouvelles avec quelque impatience. Vous en aurez sans doute en ce moment reçu de France.

Nous avons essuyé plus de fatigues que beaucoup de gens n'avoient le courage de les supporter. Mais dans ce moment-ci nous nous reposons au Caire, qui ne laisse pas de nous offrir beaucoup de ressources. Toutes les divisions y sont réunies.

L'Etat-Major vous aura instruit de l'événement militaire qui a précédé notre entrée au Caire, il a été assez brillant. Nous avons jeté deux mille Mamelouks des mieux montés dans le Nil.

L'armée a grand besoin de ses bagages. J'ai envoyé l'Adjudant-Général, Almeyras, avec un bataillon de la 85, et une grande quantité de vivres pour l'escadre, à Rosette. Il est chargé d'embarquer à son retour, tous les effets de l'armée, et de les escorter jusqu'au Caire.

Donnez ordre aux officiers des Etats-

Majors des corps chargés des dépôts, de les envoyer à Rosette.

Envoyez-nous nos imprimeries arabe, et françoise. Veillez à ce que l'on embarque tous les vins, eaux de vie, tentes, souliers, etc. Envoyez tous ces objets par mer à Rosette, et vu la croissance du Nil, ils remontront facilement jusqu'au Caire.

J'attends des nouvelles de votre santé; je désire qu'elle se rétablisse promptement et que vous veniez bientôt nous rejoindre.

J'ai écrit à Louis de partir pour Rosette avec tous mes effets.

A l'instant même je trouve dans un jardin des Mamelouks une lettre de Louis, datée du 21 Messidor, ce qui me prouve qu'un de vos courriers a été intercepté par des Mamelouks.

Salut

BUONAPARTE.

N°. X.

Buonaparte, *Membre de l'Institut National, Général en Chef, au Général de Division*, Kleber.

Au Quartier général du Caire, le 9 Thermidor, an 6.

Vous trouverez ci-joint, citoyen Général, copie de l'organisation provisoire de l'Egypte.

Vous nommerez le Divan, l'Aga, la Compagnie de 60 hommes qu'il doit avoir avec lui.

Vous ferez faire l'inventaire de tous les biens; meubles et immeubles qui appartenoient aux Mamelouks. L'Intendant et l'Agent françois vont se rendre incessamment à leur poste.

Vous ferez faire la levée de tous les chevaux pour la remonte de la cavalerie.

Je vous prie de prendre toutes les mesures nécessaires pour maintenir la tranquillité et le bon ordre dans la province d'Alexandrie.

Salut.

Buonaparte.

(*Copie.*)

Au Quartier général du Caire, le 9 Thermidor, an 6.

Buonaparte,   *Membre de l'Institut National, Général en Chef.*

ORDONNE.

Article premier.

Il y aura dans chaque province de l'Egypte un Divan composé de 7 personnes, chargées de veiller aux intérêts de la province, de me faire part de toutes les plaintes qu'il pourroit y avoir; d'empêcher les guerres que se font les villages entre eux, de surveiller les mauvais sujets, de les châtier en demandant la force au Commandant françois, et d'éclairer le peuple toutes les fois que cela sera nécessaire.

Article 2.

Il y aura dans chaque province un Aga des Janissaires qui se tiendra toujours avec le Commandant françois. Il aura avec lui une compagnie de 60 hommes du pays armés, avec lesquels il se portera par-tout où il sera nécessaire pour maintenir le bon ordre, et faire rester chacun dans l'obéissance et la tranquillité.

Article 3.

Il y aura dans chaque province un Intendant chargé de la perception du *Miri* et du *Feddam*, et de tous les revenus qui appartenoient ci-devant aux Mamelouks, et qui appartiennent aujourd'hui à la République. Il aura chez lui le nombre d'Agens nécessaires.

Article 4.

Il y aura auprès du dit Intendant un Agent françois, tant pour correspondre avec l'administration des finances, que pour faire exécuter tous les ordres qu'il pourroit recevoir; et se trouver toujours au fait de l'administration.

(Signé)　　　BUONAPARTE.

Pour copie conforme.
　　　　　　　　BUONAPARTE.

N°. XI.

A Boulac, près le Caire, le 9 Thermidor, an 6.

A KLEBER.

Nous sommes enfin arrivés, mon ami, au pays tant désiré! qu'il est loin de ce que l'imagination même la plus raisonnable se l'étoit représenté; l'horrible villasse du Caire est peuplée d'une canaille paresseuse, accroupie tout le jour devant leurs huttes infames, fumant, prenant du café, ou mangeant des pasticques, et buvant de l'eau.

On peut se perdre très-aisément pendant tout un jour dans les rues puantes et étroites de cette fameuse capitale. Le seul quartier des Mamelouks est habitable. Le Général en Chef y demeure dans une assez belle maison de Bey. J'ai écrit au Chef de Brigade Dupuis actuellement Général et Commandant au Caire, pour qu'il t'y fît réserver une maison; je n'ai pas encore sa réponse.

La division est à une espèce de ville appelée Boulac près le Nil, à une demie lieue du Caire: nous sommes tous logés dans des maisons abandonnées et fort vilaines. Dugua seulement est passablement.

Le Général Lannes vient de recevoir l'ordre d'aller prendre le commandement de la division Menou, à la place de Vial, qui va à Damiette avec un bataillon : il m'assure qu'il refusera. La 2e. légère et le Général Verdier sont en position près les Pyramides, sur la rive gauche du Nil, jusqu'à ce que le point qu'il occupe soit fortifié pour y placer un poste de cent hommes.

On doit établir un pont vis-à-vis Gizeh; cet endroit est en ce moment occupé par la réserve d'artillerie et du génie. La division Regnier est au devant du Caire, à deux ou trois lieues; celle de Desaix va venir au vieux Caire, celle de Bon est à la citadelle, et celle de Menou en ville.

Tu n'as pas d'idée des marches fatigantes que nous avons faites pour arriver au Caire; arrivant toujours à trois ou quatre heures après-midi, après avoir souffert toute la chaleur, la plupart du temps sans vivres, étant obligés de glaner ce que les divisions qui nous précédoient avoient laissé dans les horribles villages qu'elles avoient souvent pillés; harcelés toute la marche par cette horde de voleurs appelés Bédouins qui nous ont tué des hommes et des officiers, à vingt-cinq pas de la colonne. L'Aide de Camp du Général *Dugua* appelé *Geroret* a été assassiné avant hier de cette manière, en allant porter un ordre à un peloton de grenadiers à une portée de fusil du camp; c'est une guerre, ma foi, pire que celle de la Vendée!

Nous avons eu combat le jour de notre arrivée sur le Nil à la hauteur du Caire. Les Mamelouks qui avoient eu l'esprit de se placer sur la rive gauche du Nil nous ont presenté le combat, et ils ont été rossés; cette bataille se nomme celle des Pyramides; ils ont perdu sept ou huit-cents hommes sans exagération aucune, il y a eu une grande partie de ce nombre qui se noyèrent en voulant passer le Nil à la nage.

Je désire bien savoir comment tu te portes, et quand tu seras en état de venir prendre le commandement de la division, qui est en de bien foibles mains. Tout le monde t'y désire, et chacun se relâche singulièrement du service; je fais ce que je puis pour retenir chaque partie liée entre elles, mais cela va très-mal. Les troupes ne sont ni payées ni nourries, et tu devines aisément combien cela attire de murmures; ils sont peut-être plus forts encore de la part des officiers. On nous fait espérer que d'ici à huit jours, les administrations seront assez bien organisées pour faire exactement les distributions; mais cela est bien long.

Si tu viens bientôt, ce que je souhaite ardemment, fais-toi escorter même sur ta barque par des fusilliers qui puissent répondre aux attaques des Bédouins, qui ne manqueront sûrement pas de se présenter sur la rive du Nil pour essayer de te fusiller dans ta barque.

Le Commissaire Ordonnateur Sucy a eu le bras cassé sur la flotille en remontant au Caire. Tu pourrois peut-être revenir avec les chaloupes canonnières, et les germes qui sont allés chercher les effets des troupes à Alexandrie. Arrive! arrive! et arrive!

Tout à toi.

DAMAS.

Amitié à Auguste, et à ses Collègues.

N°. XII.

Du Grand Caire, le 9 Thermidor, en 6.

Le Général Desaix me charge, mon cher Douzelot, de te recommander de ne pas oublier ses effets, et nous croyons qu'il est inutile de te recommander les nôtres. Nous les attendons comme le messie; ne laisse absolument rien.

4 Malles au Général Desaix.

1 Porte-manteau, idem.

1 Forme à drapeau, avec une petite boîte.

1 Secrétaire au Général.

2 Matelats — 1 couverte de drap blanc.

1 Paire de draps.

1 Housse, et 1 coussin de voiture. La voiture sur le N°. 54.

16 Caisses de sapin, marquées au Général Desaix, contenant du vin.

1 Tonneau goudronné sur les deux fonds, contenant du vin.

1 Barril de vinaigre.

5 Bouteilles de vin, dans le coffre du cabinet du Citoyen Le Roi.

Tout

Tout cela étoit dans la soute du cuisinier de Daure.

A Clément.

1 Malle — il y a des adresses.
1 Porte-manteau — son hamac.

A Rap.

1 Vache, 1 malle, et son hamac.

A Savary.

1 malle carrée noire.
1 Id. — longue.
1 Porte-manteau bleu.
} mon domestique, je l'attends malade ou non.

1 Caisse contenant des selles ; elle est carrée platte forme en sapin, elle ferme avec une serrure.

Mon hamac si il est possible, au moins mon matelat, ma couverture, mes draps, et mon traversin.

Si tu trouves moyen d'acheter quelques bouteilles de bon rum, fais-le.

Nous sommes sans cuisinier, si tu en trouves un, amène-le.

Dis à ton domestique de passer aux bâtimens de nos chevaux, d'y prendre les effets de Joly-cœur, et de demander au

Citoyen Martin maréchal des logis au 2ome.
de dragons, le porte-manteau du dragon
Alex. Timber qui panse ici mon cheval.

Si tu éprouvois des difficultés pour embarquer la voiture, le Général te prie de la
débarquer, la faire monter, et la placer en
lieu sûr à Alexandrie.

Ton frère me charge de te dire d'apporter tout ce qui lui appartient, ainsi qu'à
toi, de ne rien oublier — absolument rien.

N'oublie pas ceux de Bourdon.

Si tu ne peux pas embarquer ton cheval
vends-le, ou remets-le à l'artillerie, en
prenant un reçu; nous t'en trouverons un
ici: ton frère en a 3.

Voici une chose dont nous te prions de
t'occuper: en traversant les déserts nous
eumes une allerte de nuit, dans laquelle nous
perdimes la jument du Général Desaix, sellée,
bridée venant du 7me. hussards; les deux
chevaux de ton frère; le mien sellé, venant
du 2ome. dragons, une jument noire, celui
de Rap du 7me. hussards. Celui de Clé-
ment, courte queue. Ils prirent tous la
fuite; d'après les rapports, ils ont été ar-
rétés à Rosette, et mis au dépôt de l'artillerie; si en passant tu pouvois les dé-

couvrir, en prendre des reçus, l'on nous les payeroit ici.

Ton frère me charge de te dire ce qui suit : nous vivons ici beaucoup plus mal que nous n'avons jamais vécu de la vie. Pas une goutte de vin, ni d'eau-de-vie. — Ton frère te recommande de faire en sorte d'en faire débarquer des bâtimens de Civita Vecchia, le plus que tu pourras, et s'il le faut un tonneau de l'un et de l'autre : ne rien négliger auprès de Colasse.

Souviens-toi, --- vin, eau-de-vie, et rum ; il y a un siècle que nous en avons le plus grand besoin. Il y en a ici peu extrêmement mauvais, hors de prix, et l'on ne peut s'en procurer.

Une chose que l'on te prie de faire, c'est d'embarquer les ballots de souliers, et de chemises de la division, comme équipages du Général Desaix ; les soldats en sont nus --- et on les prendroit pour d'autres.

Si tu as besoin d'argent, sers-toi du mien, et tiens-en compte.

Adieu, nous t'attendons ; fais pour le mieux, sur-tout souviens-toi que nous n'aurons de vin, et d'eau-de-vie, que ce que tu apporteras ; et que sur les 16 caisses

de sapin, 14 sont au Général Buonaparte.
Au nom de Dieu apportes-en du convoi,
et de l'eau-de.vie. Toute l'armée a la
diarrhée à force de boire de l'eau. — Pour
Dieu, du vin, de l'eau-de-vie, et du rum,
et n'oublie pas les effets du Général Beliard :
ne lui laisse rien là-bas, que le moins possible. — Pour Mireur, tu sais qu'il a été tué.

Adieu.

SAVARY.

L'on vous envoie 60 barques du Nil;
il pourroit se faire que l'on prît encore des
tartanes à Alexandrie, dans ce cas il faudroit tâcher de te mettre sur une. — Amène
mon domestique malade ou non, je le gué-
rirai ici.

N°. XIII.

Rampon, Général de Brigade, commandant les 18me et 32me ½ Brigades de Bataille.

*Au Quartier - général du Grand Caire
le 9 Thermidor, an 6.*

Je vous avois promis, cher frère, dans ma dernière, de vous écrire de la plus grande Ville du monde. Je m'empresse à vous prouver combien j'aime à vous tenir parole.

Il ne m'est pas possible de vous faire des détails sur nos affaires, ni sur les privations que nous avons éprouvées dans notre marche; le départ du vaisseau ne nous donne pas le temps; mais le rapport du Général en Chef que vous verrez surement sur les papiers, vous mettra au fait de tout. Milhot et l'aîné Rampon se sont distingués dans la bataille des Piramides, Milhot a été nommé Lieutenant sur le champ de bataille, et Rampon Sous-Lieutenant au 7me. régiment d'hussards; il me reste encore le cadet que j'espère de placer dans la première affaire; d'ailleurs je suis assez content d'eux.

Adieu, cher frère, je désire que votre santé soit bonne, ainsi que celle de ma soeur, quant à la mienne elle est assez bonne; mais je suis très-fatigué, et les chaleurs que nous éprouvons dans ce pays m'ôtent la moitié de mes forces. Enfin, il nous faut de la patience, du courage, et avec cela nous parviendrons peut-être à revoir un jour notre chère patrie.

Adieu, je vous embrasse bien tendrement, mille et mille choses à ma soeur et à toute notre famille, et à nos amis, et amies. Donnez, je vous prie, de mes nouvelles à ma soeur Trappier, je n'ai pas le temps d'y écrire.

RAMPON.

Souillier, Milhot, et nos deux neveux me chargent de vous dire mille choses.

N°. XIV.

Au Citoyen Louis Buonaparte, *Aide de Camp du Général en Chef, à Alexandrie.*

Au Quartier - général du Gisé, le 6 Thermidor,

Le Général en Chef me charge, mon cher Louis, de t'annoncer la victoire qu'il a remportée le 3 de ce mois sur les Mamelouks. Elle a été complète; elle fut donnée à Embabé vis-à-vis Boulac. On estime la perte des ennemis, tant tués que blessés, à deux mille hommes, 40 pièces de canon, et beaucoup de chevaux. Notre perte a été médiocre. Les Beys ont fui dans la Haute Egypte. Le Général va ce soir au Caire.

Il me charge aussi de te dire de partir d'Alexandrie avec tous ses effets, ses voitures et chevaux de Malte, sa voiture de Civita Vecchia, pour Rosette, où tu trouveras des *germes* du pays, un bataillon de la 89me, et l'Adjudant - Général Almeyras, avec lesquels tu remonteras le Nil et viendras au Caire. De tous ses effets tu ne

laisseras à Alexandrie que sa belle voiture
de voyage.

N'oublie pas, mon ami, tous les effets
que nous avons laissés à Alexandrie: nous
en avons tous bien besoin. N'oublie pas
non plus tous les vins, les livres, et les
deux caisses de papiers, sur lesquelles est
le nom du Général, et celui de Collot.

Je t'embrasse.

BOURSIENNE.

N°. XV.

Au Quartier - général du Caire, le 9 Thermidor.

Je m'empresse, ma très-chère mère, à vous faire part de l'arrivée de l'armée françoise, à laquelle j'ai l'honneur de servir, à Alexandrie en Egypte: pendant notre traversée nous nous sommes emparés de l'île, port et ville de Malte, qui est à 1100 lieues de Toulon, maintenant nous sommes au Grand Caire, ville capitale d'Egypte, distance de mille lieues de France.

J'ai beaucoup souffert pendant deux mois que nous avons resté en mer; tous les jours je ne cessois de vomir jusqu'au sang; lorsque nous avons mis pied à terre sous les murs de la ville d'Alexandrie, j'ai été guéri de la maladie de mer, mais mes peines n'ont pas été terminées.

Nous avons perdu 300 hommes en escaladant les remparts pour nous rendre maîtres de la ville. Après quatre jours de repos, nous nous sommes mis à la poursuite des troupes arabes, qui s'étoient retirées et campées dans le Désert : mais la première nuit de marche me fut bien funeste. J'étois à l'avant-garde; nous tombames sur un corps de cavalerie ennemi, et la vivacité de mon cheval que vous avez connu, a causé tout mon malheur; il sautoit comme un lyon sur les chevaux et cavaliers ennemis, mais malheureusement en se cabrant il tomba à la renverse, et moi pour éviter d'être écrasé, je me jetai par côté. Comme c'étoit la nuit, je n'eus pas le temps de le saisir; il se releva et partit comme l'éclair avec la cavalerie ennemie, qui abandonna le champ de bataille.

J'avois mis ce que j'avois de plus mauvais sur le corps, pour conserver ce qui étoit neuf dans mon porte-manteau, de sorte que je perdis mon cheval, tout harnaché, mes pistolets, mon manteau, porte-manteau, tous mes effets qui étoient dedans, ainsi que vingt-quatre Louis en argent que j'avois reçus à Marseille pour mes appointemens arriérés, et le plus essentiel encore est mon porte-feuille, qui contenoit tous mes papiers.

Je me trouvai tout-à-coup dépouillé

de tout, et obligé de marcher nus - pieds
pendant 19 jours, sur le sable brûlant et les
graviers dans le Désert, car le lendemain
de cette malheureuse affaire, je perdis les
semelles des vieilles bottes que j'avois aux
jambes; mon habit et ma vieille culotte furent bientôt déchirés en mille morceaux;
ne trouvant pas un peu de pain pour s'ali-
menter, ni une goutte d'eau pour s'hu-
mecter la bouche; pour toute consolation
je maudissois plus de cent fois le jour, le
métier de la guerre.

Enfin, le 4 de ce mois nous arrivames
aux portes du Caire, là où toute l'armée ennemie étoit retranchée, et nous attendoit
de pied ferme; mais avec notre impétuosité
ordinaire, nous fumes l'attaquer dans ses
retranchemens; au bout de trois quarts
d'heure, l'ennemi eut trois mille morts sur
le champ de bataille; le restant ne pouvant
se sauver, se jeta dans le Nil, qui est
une rivière aussi forte que le Rhône, par
conséquent ils furent tous noyés ou fusil-
lés sur l'eau. D'après une pareille victoire nous entrames, tambour battant, dans
la ville du Caire, et par conséquent maîtres
de toute l'Egypte.

Je ne sais, ma très-chère mère dans quel temps j'aurai le plaisir de vous voir, je me repens bien d'être venu, mais il n'est plus temps : enfin, je me résigne à la volonté Suprême, et malgré les mers qui nous séparent, votre mémoire sera toujours gravée dans mon coeur, et aussitôt que les circonstances le permettront, je franchirai tous les obstacles pour rentrer dans ma patrie.

Adieu, conservez-vous, et mille choses à mes parens.

Votre fils,

GUILLOT.

N°. XVI.

R. DESGENETTES *à la Citoyenne* DESGENETTES, **au**
Val-de-Grâce, Rue St. Jacques, à Paris.

Au Grand Caire, le 9 Thermidor.

JE t'écris enfin, ma chère épouse, du
Caire, qui sera, je crois, le terme de mon
voyage.

Déjà je t'ai écrit deux fois en mer, une
fois de Malte, et une autre d'Alexandrie.
Les occasions sont rares, et peu sûres. Pour
moi, je n'ai point reçu de tes lettres : rien
ne m'a appris ton arrivée à Paris.

Un jour je te raconterai tous mes voya-
ges, les combats que j'ai vus, et les dangers sans nombre que j'ai partagés.

Mon ami, l'Ordonnateur en Chef, Sucy,
a été gravement blessé d'un coup de feu,
ainsi que le jeune Lannes. Desnanotre qui
m'étoit aussi recommandé par La Repede,
a été fait prisonnier par les Arabes.

Les peuples de l'Egypte sont des sauvages féroces. Les Beys, leurs maîtres, des
oppresseurs orgueilleux. Leurs Mamelouks,

c'est-à-dire, leur cavalerie d'élite, et casté privilégiée n'a opposé à l'armée qu'un courage irréfléchi. Tout cela est battu.

Il y a quelque chose que j'admire et que j'aime dans les Turcs; c'est leur prédestination qui mène à des résultats très-philosophiques, et qui s'arrange assez avec *mes circonstances*, ma *néanité*, et *mes destinées*.

Il y a aussi des usages fort singuliers. On a jusques à quatre femmes légitimes, sans compter les maîtresses. Je ne sais tout cela qu'historiquement; mais ce que je sais bien, c'est qu'on ne boit guères que de l'eau.

Voilà beaucoup de choses à raconter. Un peu de nos affaires.

On ne nous paye pas, ma chère femme, et je n'ai rien reçu depuis Toulon. Encore ne suis-je pas des plus malheureux; car presque tout le monde a été pillé ou forcé de jeter à l'eau ses bagages, et j'ai tout conservé.

En partant de Toulon, je t'ai envoyé 700 livres, un peu plus ou un peu moins. Courtal a été chargé de l'envoi qui l'eût je crois fait par les messageries. N'oublie pas de m'en écrire, et dans plus d'une lettre, car elles se perdent, sont prises, etc.

La lettre du Citoyen Girandi pour le Caire m'a été utile; je suis logé chez le médecin en question, et je l'ai placé dans l'armée.

Le Général en Chef m'a constamment traité avec bonté, et j'espère toujours, ma chère Lolotte, t'embrasser au temps convenu entre nous.

Embrasse Julien, tes chers parens, et ceux que nous aimons.

R. D.

N°. XVII.

Rosette, en Egypte. le 9 Thermidor, an 6.

J'espère, bonne amie, que cette lettre te parviendra. Je l'envoie par une occasion particulière, et c'est peut-être la seule de toutes celles que je t'ai écrites depuis Malte, qui te sera remise. Pour moi, je n'ai pas eu le bonheur, depuis mon départ de Toulon, de recevoir des tiennes. Il est cependant arrivé depuis six jours, deux avisos qui en ont apporté beaucoup.

Je présume que tes lettres auront été envoyées sur le brick pris par les Anglois, alors je ne dois pas espérer d'en recevoir sitôt; ce qui me désespère. Ma position est si cruelle, que je succomberai, si je suis privé de cette consolation Tâche, ma bonne amie, de me tant écrire, que je reçoive au moins une ou deux fois de tes nouvelles. Tu dois bien penser que mes inquiétudes à ton sujet doivent être grandes : je ne sais quelles sont tes ressources. Je n'ai pu te faire passer que peu d'argent par le Capitaine Collot, et dans ce moment je ne trouve aucune occasion de

t'en

t'en envoyer. Je suis éloigné du Citoyen Magallon de 35 lieues, et je prévois, qu'avant mon arrivée au Caire, je ne pourrai t'en faire passer.

Je crois que nous nous sommes tous bien trompés sur cette entreprise si belle et si vantée; je crois même, qu'en réussissant à soumettre l'Egypte, nous aurons bien de la peine à retirer de cette opération tout le fruit que l'on en attendoit. Nous trouvons par-tout beaucoup de résistance, et plus encore de trahison: il est impossible à un François de s'écarter seul de quelques portées de fusil de l'endroit habité sans courir le risque d'être assassiné, ou victime d'une passion affreuse très en vogue dans ce pays sur-tout de la part des Mamelouks, et des Arabes Bédouins. Je connois plusieurs personnes qui dans la ville même d'Alexandrie, ont été enlevées à la nuit tombante, et ont subi ce sort affreux.

Rosette est beaucoup plus tranquille qu'Alexandrie, les habitans en sont plus doux, et nous avons moins de risques à courir; cependant nous mettons la plus grande circonspection dans notre conduite particulière, et la plus grande police, et méme de la sévérité dans l'administration générale.

Ce pays si vanté ne vaut pas sa réputation. L'endroit le plus sauvage et le plus agreste de la France, est mille fois plus beau; rien au monde de si triste, de si misérable, de si mal-sain qu'Alexandrie (le port le plus commerçant dé l'Egypte); des maisons de boue, sans autres fenêtres que quelque trous, couvertes d'un treillage de bois grossier, point de toits aux maisons, des portes si petites, qu'il faut se briser pour entrer; enfin, figure-toi une réunion de colombiers vilains et mal bâtis, et tu auras une idée juste d'Alexandrie.

Les rues sont toutes étroites, de travers, et point pavées; de sorte que l'on est continuellement incommodé de la poussière, et d'une chaleur excessive; ou bien, s'il prend fantaisie aux habitans d'arroser le devant de leurs cabanes, on passe d'un mal dans un pire, la poussière se change en boue, il n'est plus possible alors de marcher. Tout y est fort cher et fort rare; joins à cela, la difficulté de se faire entendre, et mille autres désagrémens que je ne puis te décrire, et tu jugeras de notre position.

Cependant il faut convenir, que depuis que je suis à Rosette, je me trouve moins mal. Le pays est un peu plus riant. Le Nil y procure un peu de verdure, et la vue des palmiers, quoique bien monotone, puisque c'est la seule espèce d'arbres qu'on y voit, recrée un peu les yeux; mais rien n'est fait pour distraire l'imagination, et tu dois bien présumer, que dans un pays tel que celui-ci, avec la peine, les inquiétudes qu'on y éprouve, elle doit être dans une grande activité, et comme les objets sont tristes, les pensées y correspondent, et nous vivons dans un chagrin perpétuel! —

N°. XVIII.

Choderlos, Consul Général de la République Françoise à Alep et Dépendances, au Citoyen Ministre des Relations extérieures

Alep, le 9 Thermidor.

Citoyen Ministre,

C'est le 27 Messidor que nous avons eu le premier avis de la prise de Malte et du débarquement de notre armée navale à Alexandrie. Cette nouvelle a été confirmée depuis par différentes lettres, soit de Chypre, soit des échelles de la côte, mais jusqu'à présent, je n'ai rien reçu d'officiel sur ce grand événement, de sorte que nous flottons entre les nombreuses versions contradictoires qui se débitent sur cette expédition, qui semble avoir causé une grande commotion tant en Chypre que sur toute la côte de Syrie. Sans chercher à pénétrer le secret du gouvernement, je m'étonne cependant qu'une fois la descente opérée, le Général, ou au moins le Consul d'Alexandrie, n'ait pas adressé une circulaire aux Consuls des pays environnans, pour les mettre à portée de *tranquilliser* les Turcs qu'on doit bien supposer ne pas voir d'un oeil indifférent, une expédition aussi formidable.

La contenance paisible que j'ai montrée dans cette occasion, a beaucoup contribué à calmer la première effervescence qui s'étoit manifestée non-seulement chez les Turcs, mais encore sur la grande majorité des Francs de cette échelle.

» Quel que puisse être, » leur ai-je dit à tous, « le but de l'expédition, vous ne » devez faire aucun doute qu'elle ne soit » du consentement de la Porte. Attendons » les nouvelles officielles de l'un et l'autre » gouvernement, et jusques-là, reposons- » nous avec confiance sur la connoissance » que nous avons tous de l'ancienne et » étroite amitié que règne depuis si long- » temps entre les deux puissances. »

J'ai fait valoir ensuite, l'avantage qui résultoit pour l'empire Ottoman, de la prise de Malte par les François, et en effet, cette nouvelle a beaucoup servi à contrebalancer l'impression fâcheuse de nous savoir si voisins avec des forces si redoutables.

Dans ce moment Alep est tout-à-fait calmé: il n'y auroit à craindre que l'effet que pourroit produire quelqu'une des versions exagérées que la frayeur dicte, et que la frayeur peut adopter.

Le Pacha, tous les grands de la ville sont tranquilles; s'il y avoit quelque explosion à redouter, ce ne pourroit être que de la part des Chérifs que le fanatisme pourroit porter à des excès, et dans cette supposition, je ne serois pas étonné que les Jannissaires qui nous aiment, ne prissent notre défense.

J'use d'une voie suspecte, Citoyen Ministre, pour vous faire parvenir ce bulletin écrit à la hâte, attendu que la seule occasion qui se présente, est celle d'un courrier, du Ministre ———, et qu'il faut toutes les précautions possibles, et même toutes les ruses imaginables pour sauver les apparences qui pourroient mettre obstacle au départ de ma lettre.

Salut et respect.

J. Choderlos.

Par les raisons ci-dessus, le Citoyen Beauchamp ne peut pas vous écrire. Le paquet se trouveroit trop volumineux pour ne pas éveiller le soupçon. Il me charge de vous donner avis, qu'il part après demain pour *Latakia*, d'où il avisera aux moyens d'aller en avant.

N°. XIX.

Le Contre Amiral Perrée, *commandant la Flo-*
tille du Nil, à son Ami Le Jouile; *Chef de*
Division, commandant le Vaisseau le Généreux.

Au Grand Caire, le 10 Thermidor, an 6.

Mon cher camarade, je profite de l'occasion de la Cisalpine pour te donner de
mes nouvelles, comme je te l'ai marqué
par ma dernière.

Je suis arrivé en cette ville le lendemain
de notre armée, après avoir éprouvé toutes les privations possibles; nous avons été
jusqu'à six jours sans avoir autre chose à
manger que des pastiques, et pour dessert
du pastique. La fusillade rouloit toute la
journée de la part du paysan, qui étoit
commandé par des Arabes ou des Bédouins.

Je t'assure que si ces hommes savoient
tirer, nous ne serions pas revenus un seul.
A présent ils sont plus raisonnables depuis
que le Caire est à nous. Je regarde en ce
moment le Nil comme certain, ce qui nous
permettra la communication avec vous.

Tu apprendras avec plaisir que j'ai été
promu au grade de Contre-Amiral sur le

champ de bataille, après l'affaire du 25. Assurément si j'avois été secondé par une autre canonnière il n'auroit plus été question de leur flotille, quoiqu'ils en avoient 7, et pour lors je n'avois que 6 bâtimens, dont trois ont été abandonnés et pris par les ennemis, qui ont eu l'audace de s'en emparer à portée de pistolet de moi.

Pour lors j'ai fait diriger toutes mes forces dessus, fait couler à fond la canonnière de l'Amiral, et je les ai forcés à lâcher mes canonnières que j'ai réintégrées de suite. J'avois encore deux batteries de 12 canons de campagne dirigées sur moi à très-petite portée. Les troupes étoient très-éloignées et ne pouvoient me donner aucun secours. Le combat a commencé à 9 heures moins un quart, et a fini à une heure et demie que notre armée les a mis en déroute.

Je t'assure que nous avons été trompés beaucoup sur la navigation du Nil. Il ne peut y monter aucun bâtiment tirant plus de cinq pieds à l'époque où j'ai monté; tant qu'à la fertilité du pays je crois que l'on a beaucoup à décompter. La férocité des habitans est pire que les sauvages; majeure partie habillés en paille. Enfin le pays n'est pas de mon goût. Cependant après la peine, le plaisir; en ce moment je suis assez bien, tant pour les nourritures que pour les plaisirs. Les Beys nous ont laissé quelques jolies Arméniennes et Géorgiennes, que nous nous sommes emparés au profit de la nation. Je te prie, mon bon ami, de m'envoyer une barique de vin: tu obligeras

Ton ami,

EM. PERRÉE,

Assure de mon amitié à tous mes amis.

N° XX.

Le Turcq Aide-de-Camp du Général B. Chef de l'Etat-Major-Général de l'Armée: au Citoyen Le Turcq son Père.

> *Au Quartier-général du Grand Caire,*
> *le 10 Thermidor.*

Depuis votre lettre datée du 23 Floréal dernier, je n'ai reçu aucune de vos nouvelles, cher père; vous devez sentir combien cela doit m'inquiéter. Je n'ai rien négligé pour profiter de tous les courriers que nous avons expédiés pour Paris, de Toulon, de Malte, et d'Alexandrie, ainsi que celui-ci que nous expédions du Caire.

Je ne vous peindrai pas la position dans laquelle nous nous trouvons tous dans ce pays; je me bornerai seulement à vous dire, que nous avons tous été trompés dans notre attente sur le pays de l'Egypte; mais heureusement pour moi, j'ai le bonheur de jouir d'une assez bonne santé, c'est-à-dire jusqu'à ce jour, un des mieux portans de l'armée. Je désire bien ardemment être de retour près de vous, pour vous faire un tableau fidelle du pays, d'après lequel vous jugerez aisément que nous devons beaucoup nous y ennuyer sous bien des rapports.

Je vous joins ici, cher père, une relation de ce qui nous est arrivé dans notre marche d'Alexandrie au Caire, et des différens combats que nous avons eus pendant cette marche, avec les Mamelouks et les Bédouins. Il vous sera facile de juger de notre position dans ce désert, qui eût été la défaite de l'armée sans le secours du Nil, branche d'un fleuve qui se jette dans le Delta. Je termine, espérant incessamment jouir du bonheur de vous raconter ces faits extraordinaires moi-même dans vos foyers.

Je ne dissimulerai pas que c'est un grand avantage pour moi, déjà ancien militaire, d'avoir fait un voyage aussi important et aussi instructif, mais sachant ce qu'est le pays et les privations en tout genre qu'on y endure, je ne sais trop, si ce voyage étoit à recommencer, si je l'entreprendrois; mais maintenant que j'ai supporté la majeure partie des maux qui m'y attendoient je suis bien aise de le faire, et veux le suivre jusqu'à la fin.

Nous sommes au Caire depuis quelques jours; il seroit possible que nous y restassions encore une quinzaine, après quoi il est vraisemblable que nous dirigerons nos pas en Syrie, vers la Haute Egypte; déjà une de nos divisions est partie pour Damiette.

Je n'ai pas besoin de vous prier de communiquer cette lettre et ma relation à nos parens et amis communs, particulièrement au Citoyen et à la Citoyenne Berthe, mon frère marchand, et mon oncle Le Turcq, enfin tous mes parens; dites-leur que je les embrasse tous du plus profond de mon coeur, en attendant le plaisir de les voir si je le peux sous six mois.

Le Général Berthier écrit par le même courrier à son père, ainsi que l'Huillier; il est nommé aujourd'hui Sous-Lieutenant au 14e. régiment de dragons.

Donnez-moi souvent de vos nouvelles et de toute ma famille; n'oubliez pas le dragon. J'espère que mon prompt retour l'indemnisera de la perte qu'il peut faire par l'absence de ce long voyage que je suis forcé de continuer; mais dites-lui qu'il ne perd rien pour attendre, que le Général Berthier m'a tout promis pour lui, et surement il est homme à tenir sa parole.

Je vous embrasse mille fois tous, et je suis pour la vie,

Votre fils,

Le Turcq.

Dites-moi, je vous prie, si vous avez reçu des nouvelles de César Berthe, qui se trouve ou à Milan, ou à Paris.

N°. XXI.

L'Adjudant - Général B o y e r, *au Général en Chef de l'Armée d'Angleterre.*

Au Grand Caire, le 10 *Thermidor.*

Mon Général,

Notre entrée au Grand Caire, fera sans doute, en France, une de ces impressions qu'occasionne toujours un événement rare; mais quand on saura l'espèce d'ennemis que nous avons eu à combattre, le peu d'art qu'ils ont employé contre nos moyens, enfin la nullité de leurs entreprises, cette expédition et nos conquêtes ne paroîtront plus si extraordinaires.

Nous avons d'abord débuté par un assaut livré à une place sans défense, dont la garnison était de 500 Janissaires qui à peine savent tirer le fusil. C'est d'Alexandrie dont je veux parler; villasse ouverte de tout côté, qui certainement ne pouvoit s'opposer aux efforts de 25,000 hommes qui l'attaquèrent à-la-fois; nous y perdîmes néanmoins 150 hommes, qu'on auroit pu conserver en sommant la place; mais il falloit commencer par étonner son ennemi.

L'on a ensuite marché sur les Mamelouks; gens dont la bravoure est si reconnue en Egypte. Cette soldatesque qui n'a aucune idée de tactique; qui ne connoît de la guerre que le sang que répandent leurs armes, a paru la première fois en face de notre armée le 25 Messidor.

D'abord dès la pointe du jour, ils ont fait voir toutes leurs forces , qui rodèrent autour de notre armée, comme des troupeaux marchant tantôt au galop, tantôt au pas, par tas de 10, de 50, de 100, etc. Enfin d'une manière aussi ridicule que curieuse , vingt fois ils ont tenté la charge, mais trouvant par-tout un point qui leur offroit une résistance à laquelle ils ne s'attendoient pas, ils passèrent leur journée à nous tenir exposés à l'ardeur d'un soleil brûlant; si nous eussions été plus entreprenans ce jour-là, peut-être leur sort eût été décidé; mais le Général Buonaparte temporisa pour connoître son ennemi, et se mettre au fait de son genre de guerre.

La journée se décida par la retraite des Mamelouks, qui perdirent à peine 25 des leurs; nous remontames le Nil, jusqu'au 3 Thermidor, qui fut le jour décisif de la puissance des Mamelouks.

Quatre mille hommes à cheval, ayant chacun un ou deux valets, vinrent se heurter contre une armée d'élite. Leur charge fut un acte de fureur, de rage, et de désespoir. Ils attaquèrent Desaix et Regnier les premiers. Leurs efforts furent bientôt renversés; les soldats de ces divisions les attendirent avec assurance, et à dix pas un feu de file fait sur eux, en jeta de suite 150 à terre. Ils vinrent ensuite sur la division Bon, qui les accueillit de la même manière. Enfin après divers efforts inutiles, ils prirent la fuite, et emportant leurs trésors, ils se jettent aujourd'hui dans la Haute-Egypte. Cette victoire nous a donné la ville du Grand-Caire, où nous sommes depuis le 4 au soir.

Il faudroit être familier avec la langue du pays, et outre ça, avoir le secret des grands, pour vous donner une idée des ressources et des moyens que nous avons trouvés dans cette ville; mais à en croire ceux qui se plaignent, et les demandes de plusieurs Généraux qui veulent retourner en France, il paroît qu'il y a un grand mécontentement dans l'armée.   En général, il est difficile de se figurer les maux qu'a soufferts l'armée pendant 17 jours de marche ; ne trouvant nulle part de pain, ni vin, nous avons vécu de melons, citrouilles, volailles, viande de buffle, et d'eau du Nil.

Voilà, mon Général, un récit succinct de nos opérations.   On parle déjà de remonter l'Egypte, jusqu'aux Cataractes du Nil ; cette marche occasionnera beaucoup de démissions.

Présentez, je vous prie, mes hommages respectueux à Madame Kilmaine, et croyez-moi

Votre subordonné,

BOYER.

Rappelez-moi, je vous prie, au souvenir de mes camarades Rivaud, d'Arbois et Villard.

6

N°. XXII.

Au Grand Caire, le 10 Thermidor.

Mes chers Parens,

Notre entrée au Grand Caire est une occasion pour moi de vous donner de mes nouvelles, et comme mon intention est de vous mettre entièrement au fait d'une expédition aussi singulière qu'étonnante, je vais récapituler tous nos hauts faits du jour de notre départ de Toulon.

L'armée composée de 30,000 hommes, embarqués partie à Marseille, Toulon, Génes et Civita Vecchia, a mis à la voile le 30 Floréal, convoyée par 15 vaisseaux de guerre, dont deux armés en flûte, 14 frégates, et plusieurs autres petits bâtimens de guerre. Le convoi en tout formoit un total de 400 voiles; depuis les Croisades l'on n'avoit pas vu pareille armée dans la Méditerranée.

Sans calculer les dangers de l'élément sur lequel nous voguions, ni ceux qu'un ennemi redoutable sur l'eau pouvoit nous faire craindre, l'armée cingle vers l'île de Malte, où nous arrivons le 22 Prairial. Cette

conquête très-importante par elle-même
nous coûta peu de monde. Le 24 la place
capitula, l'Ordre fut anéanti, le Grand-
Maître renvoyé en Allemagne avec de belles
promesses: tout enfin succède à nos voeux.
Il ne falloit pas perdre de temps, ni s'occuper trop à contempler et raisonner l'avantage que nous tirions de l'occupation de
Malte, une escadre angloise forte de 13
grosses voiles, commandée par Nelson,
mouilloit dans les eaux de Naples, et épioit
nos mouvemens. Buonaparte instruit de la
présence de l'ennemi, donne à peine à son
escadre le temps de faire de l'eau, il ordonne
qu'on mette à la voile, et, le 30 Prairial,
l'armée et l'escadre sortent du port de Malte.
Nous forçons de voile pour atteindre le second but de notre expédition. Le 7 Messidor, nous signalons l'île de Candie, enfin,
le 12 notre escadre légère signale Alexandrie.

Le même jour, à midi l'escadre de l'Amiral Nelson arrivoit en face du port de cette
ville, et offroit aux Turcs de mouiller dans
leur port, pour les défendre contre nous;
cette offre refusée, l'Anglois met à la voile,
fait route sur Chypre, tandis que nous, pro-
fitant de toutes ses fautes et utilisant son

ineptie, nous descendons la nuit du 13 au 14 sur Marabou ou la Tour des Arabes; à la pointe du jour, toute l'armée étoit à terre. Buonaparte se met à la tête, marche droit sur Alexandrie à travers un désert de trois lieues qui n'offroit pas même de l'eau pour ressource dans un climat où la chaleur est insupportable.

Malgré toutes ces difficultés, nous arrivons sous les murs ; une garnison d'à-peu-près 500 Janissaires, les défendoient. — Le reste de la population de la ville se jette dans les forts, d'autres se portent sur leurs toits. Ainsi disposés, ils attendent notre attaque; la charge bat, nos soldats se précipitent avec fureur sur les remparts qu'ils escaladent, malgré la défense opiniâtre des attaqués ; plusieurs généraux sont blessés, entre autres Kleber. — Nous perdons à-peu-près 150 hommes, mais la valeur met fin à l'opiniâtreté des Turcs. Ceux-ci repoussés de tout côté, se refugient chez leur Dieu et leur Prophète; ils remplissent leurs mosquées ; hommes, femmes, vieillards, jeunes, et enfans, tous sont massacrés. Au bout de quatre heures, nos soldats mettent fin à leur fureur — la tranquillité renaît en ville — plusieurs forts capitulent ; j'en ai moi - même fait rendre un où 700 Turcs s'étoient retirés. La confiance reprend enfin dans la ville, et le lendemain tout étoit tranquille.

C'est ici le moment de faire une petite digression pour vous mettre au fait du sujet qui nous amène sur ces terres, et va engager Buonaparte de s'emparer de l'Egypte.

La France, par les divers événemens de cette guerre, et de sa révolution, perdant ses colonies, ses comptoirs, verroit infailliblement décheoir son commerce, et un peuple aussi industrieux seroit enfin obligé de négocier en secondes mains les objets les plus essentiels de son commerce; plusieurs probabilités font envisager comme impossible au gouvernement, sinon de récupérer nos colonies, du moins d'en tirer l'avantage que nous en avions, sur-tout après la destruction et les horreurs qui se sont commises, joint au décret d'abolition.

Pour s'indemniser d'une perte qui paroît presque réelle, le gouvernement a jeté les yeux sur l'Egypte et la Syrie, contrées qui par leur climat, la bonté de leur sol, et leur fertilité, peuvent devenir les greniers du commerce de la France, son magasin d'abondance, et par la suite des temps l'entrepôt de son commerce des Indes: il est indubitable qu'après nous être emparés et organisés dans ce pays, nous pouvons jeter nos vues plus loin, et par la suite détruire le commerce anglois dans les Indes, l'utiliser à notre profit, nous rendre les souverains du commerce même de l'Afrique et de l'Asie.

Toutes ces considérations ont engagé, selon moi, le gouvernement à tenter une expédition sur l'Egypte.

Cette partie de la puissance Ottomane est gouvernée depuis plusieurs siècles par une espèce d'hommes que l'on appelle Mamelouks, qui ayant à leur tête des Beys, méconnoissent l'autorité du Grand-Seigneur, gouvernent despotiquement et tyranniquement un peuple et un pays qui entre les mains d'une nation policée, deviendront une source de richesses.

C'est donc à ces Mamelouks qu'il faut faire la guerre pour occuper l'Egypte; leur nombre est d'à-peu-près 8ooo, tous à cheval, ils ont 24 Beys pour les commander. Il est important que vous connoissiez un peu ce que sont ces soldats, leur manière de faire la guerre , et leur armure et origine.

Tout Mamelouk est acheté — ils sont tous du Mont Caucase, et de la Géorgie. — Il y a parmi eux beaucoup d'Allemands, Russes , même quelques François. Leur religion est la Mahométane. Exercés dès leur jeunesse à l'art militaire , ils sont d'une adresse extraordinaire à cheval , à tirer la carabine, le pistolet, à lancer des traits, des masses d'armes, enfin à sabrer, l'on en a vu couper d'un coup de sabre une tête de coton mouillé.

Chaque Mamelouk a 2, 3., même 4 domestiques. Ceux-ci le suivent toujours à pié, même dans les combats. L'armure du Mamelouk à cheval est de deux grands fusils , que chacun de ses domestiques porte à côté de lui. Ils ne les décharge qu'une fois ; il saisit ensuite deux paires de pistolets qu'il a autour de son corps, puis huit flèches qu'il porte dans un carquois, et qu'il jette fort adroitement avec sa main, puis se sert de la masse d'armes pour assommer. Enfin sa dernière ressource sont deux sabres. Il saisit la bride

entre ses dents, armé d'un sabre dans
chaque main, il court sur son ennemi,
et taille à droite et à gauche; malheur à
qui ne pare pas ses coups. Il en est qui
taillent un homme en deux. C'est à cette
espèce d'hommes que nous allons faire
la guerre. Je vais actuellement entrer
dans les détails des combats que nous
avons essuyés de leur part.

Après avoir organisé à Alexandrie un
pouvoir gouvernant, avoir assuré la communication sur les derrières de notre armée, Buonaparte fait prendre pour 5 jours
de vivres à son armée, et se prépare à
traverser un désert de 20 lieues pour arriver à l'embouchure du Nil, et remonter
ce fleuve si célèbre jusqu'au Grand Caire,
qui est le premier but de son opération.
Le 17 Messidor, l'armée se met en marche,
remonte à petites journées ce fleuve, ren-
contrant quelques partis de Mamelouks
qui fuirent successivement à notre approche. Enfin, le 24 le Général Buonaparte apprend que les Beys ont marché
sur lui avec leurs forces réunies, qu'il doit
être attaqué le lendemain. Il organise sa
marche de bataille, et prend des précautions.

Buonaparte m'envoie avec trois chaloupes cannonières à la découverte. Je
pousse avec cette petite flotille 3 lieues
en avant de l'armée. Je descends successivement dans tous les villages situés sur
les deux rives du Nil, pour avoir des renseignemens sur les Mamelouks. Dans les
uns, je suis accueilli à coups de fusil,
d'autres viennent au devant de moi, me
reçoivent bien, m'offrent des vivres. Dans
un d'eux, il m'arriva un événement drôle
et singulier, le Cheik du pays ayant réuni
toute sa population, pour venir au devant
de moi, s'approche et me demande de
quel droit les Chrétiens venoient s'emparer
d'un pays qui appartenoit au Grand Seigneur. Je lui répondis que c'étoit la volonté de Dieu et de son Prophète Mahomet qui nous y conduisoit; mais, me ré-
pliqua-t-il, le Roi de France aura au
moins prévenu notre Sultan de cette dé-
marche. Après l'avoir rassuré affirmative-
ment sur cette demande, il me demandoit
comment se portoit notre roi? Je lui répondis, fort bien. Puis il me jura sur
son turban et sur sa barbe que j'étois
parmi des amis. Je profitai de la bonne

volonté de ces gens, je recueillis tous les renseignemens possibles sur les Mamelouks; puis continuant mon chemin, je remontai le Nil, et mouillai la nuit en face de Chebreiki, village situé au bord du Nil, où étoient réunis les Mamelouks, et où eut lieu la première affaire.

J'envoyai la nuit mon rapport au Général en Chef, et lui communiquai tout ce que j'avois pu recueillir sur les Mamelouks.

Le lendemain à la pointe du jour, je monte sur le mât de ma canonnière, et découvre six chaloupes turques qui marchoient sur moi; au même moment m'arrivoit une demi-galère de renfort. Je m'embosse contre ces bâtimens, et à quatre heures et demi, commença entre les deux petites flotilles une canonnade qui dura cinq heures de temps, malgré la supériorité de l'ennemi. Je tins bon. Cependant il s'avança sur moi, et je perdis pendant un instant la demi-galère et une canonnière; mais il ne s'agissoit pas de se rendre, il falloit vaincre. Pendant ces momens d'incertitude notre armée avançoit, et je fus dégagé. Une canonnière turque sauta en l'air.

Ainsi se passoit notre combat de flotilles,

lorsque les Mamelouks s'avançant sur notre armée, rôdèrent autour d'elle sans pouvoir l'entamer, sans pouvoir même faire la moindre attaque sur elle. Il est à présumer, qu'étonnés de l'ordre qu'ils virent que présentoient nos colonnes, ils remirent à un autre jour le sort de leur empire et de leur fortune. Cette journée aboutit à peu de chose ; les Mamelouks ne perdirent guères que 20 ou 50 hommes, mais nous en tirames un grand avantage, celui d'avoir inspiré un idée extraordinaire de notre tactique à un ennemi qui n'en connoît aucune, et qui ne sait guerroyer que par la supériorité des armes, l'adresse, l'agilité, sans ordre, sans tenue, ne sachant pas même marcher par pelotons, allant par hordes, donnant sur son ennemi par bourasque et effarouché.

Les Mamelouks se retirèrent, nous laissant avancer successivement sur le Grand Caire, où se donna l'affaire décisive. Ce fut enfin le 3 à la pointe du jour, que l'armée se trouva à trois lieues du Caire, et à cinq des fameuses et célèbres Pyramides d'Egypte. C'étoit dans cet intervalle que les Mamelouks, commandés par le fameux Mourad Bey, le plus puissant de Beys, nous attendoient. Jusqu'à trois heures après-midi, la journée se passoit en escarmouches; enfin l'heure arriva; notre armée; la droite appuyée aux Pyramides, la gauche au Nil, près le village de Embabé, s'aperçut que l'ennemi faisoit un mouvement. C'étoit en effet 2000 Mamelouks, qui se dirigeoient vers la droite, commandée par les Généraux Desaix et Regnier. Jamais je n'ai vu soldats charger avec tant de fureur; abandonnés tous à la rapidité de leurs coursiers, ils fondent comme un torrent sur les divisions, se mettent entre les deux; nos soldats, fermes et inébranlables, les attendent à dix pas, puis leur font un feu roulant accompagné de quelques décharges d'artillerie; dans un clin-d'oeil, plus de 150 Mamelouks étoient à terre, le reste cherche son salut dans la fuite; ils reviennent néanmoins encore à la charge, sont accueillis de la même manière; rebutés enfin par notre valeur, ils se rabattent sur notre aile gauche, pour y tenter une seconde fortune.

Le succès de notre droite encourage Buonaparte; les Mamelouks avoient fortifié à la hâte le village d'Embabé, qui est sur la rive gauche du Nil, et y avoient placé 30 ca-

nons avec leurs valets et quelques Janissaires
pour en défendre les approches. Le Général ordonne la charge sur ces retranchemens;
deux divisions s'y rendent, malgré une canonnade terrible. Au moment où nos soldats s'y précipitoient au pas de charge, 600
Mamelouks sortent des ouvrages, investis-
sent nos pelotons, tentent de sabrer; mais
au lieu de succès, ils ne trouvent que la
mort; 300 de tués restent à l'instant sur le
champ de bataille; les autres voulant s'é-
chapper, se précipitent dans le Nil, et y pé-
rissent tous; désespérés alors, ils fuient de
tous côtés, mettent le feu à leur flotte, en
font sauter tous les bâtimens, nous aban-
donnent leur champ, et plus de 400 chameaux chargés de bagages.

Ainsi finit cette journée, au désavantage
d'un ennemi qui croyoit nous hâcher, et
prétendoit qu'il est plus facile de couper les
têtes de mille François que de couper une
citrouille et un melon (expressions asia-
tiques). L'armée poussa le soir même jusqu'à Gizé, demeure de Mourad Bey, le premier des Mamelouks. Le lendemain, nous
passames le Nil sur des bateaux plats, et la
ville du Caire se rendit sans résistance.

Ici finit le récit de nos opérations militaires ; j'entrerai actuellement dans les maux
que nous avons soufferts pendant nos
marches ; je vous ferai un petit historique
du pays que nous avons parcouru et des habitans.

Remontons à Alexandrie. Cette ville
n'a plus de son antiquité que le nom. *****
étonnans qui y sont restés enfouis et igno-
rés au milieu d'un peuple qui à peine connoît qu'ils existent. Figurez - vous un être
impassible, prenant tous les événemens
comme ils viennent, que rien n'étonne, qui,
la pipe à la bouche, n'a d'autre occupation
que d'être sur son cul, devant sa porte, sur
un banc, ou devant la maison d'un grand,
passe ainsi sa journée, se souciant fort peu
de sa famille, de ses enfans ; des mères qui
errent la figure couverte d'un haillon noir,
et offrent aux passans à leur vendre leurs enfans, des hommes à moitié nus, dont le
corps ressemble au bronze, la peau dégoû-
tante, fouillant dans des ruisseaux bourbeux,
et qui, semblables à des cochons, rongent
et dévorent ce qu'ils y trouvent, des maisons hautes de vingt pieds au plus, dont le
toit est une plate - forme, l'intérieur une

écurie , l'extérieur l'aspect de quatre murailles.   Voilà les maisons d'Alexandrie.
Ajoutez qu'autour de cet amas de misère et
d'horreurs , sont les fondemens de la cité
la plus célèbre de l'antiquité, les monumens
les plus précieux de l'art.

Sortis de cette ville, pour remonter le
Nil, vous rencontrez et passez à travers un
désert nu comme la main, où toutes les 4
à 5 lieues , vous rencontrez un mauvais
puits d'eau saumâtre. Figurez-vous une armée obligée de passer au travers de ces
plaines arides, qui n'offrent pas même au
soldat un asile contre les chaleurs insuppor-
tables qui y règnent. Le soldat portant pour
cinq jours de vivres , chargé de son sac,
habillé de laine , au bout d'une heure de
marche accablé par le chaud et la pesanteur
des effets qu'il porte, il se décharge, il jette
ses vivres, ne songeant qu'au présent, sans
penser au lendemain : arrive la soif , et il ne
trouve pas d'eau ; la faim, pas de pain;
c'est ainsi qu'à travers les horreurs que présente ce tableau, l'on a vu des soldats mourir de soif, d'inanition, de chaleur; d'autres,
voyant les souffrances de leurs camarades,
se brûler la cervelle; d'autres se jeter armes

et bagages dans le Nil, et périr au milieu des eaux.

Chaque jour de nos marches nous offroit un pareil spectacle; et, chose inouie;
et que personne ne croira facilement!
c'est que l'armée entière, pendant une
marche de 17 jours, n'a pas eu de pain;
le soldat se nourrissoit de citrouilles, de
melons, de poules et quelques légumes
qu'il trouvoit dans le pays : telle a été la
nourriture de tous depuis le Général jusqu'au dernier soldat; souvent même le
Général a jeûné pendant 18 et 24 heures,
parce que le soldat arrivant le premier
dans les villages, livroit tout au pillage,
et que souvent il falloit se contenter de
son rebut, ou de ce que son intempé-
rance abandonnoit.

Il est inutile de vous parler de notre
boisson: nous vivons ici tous sous la loi
de Mahomet, elle défend le vin : mais par
contre, elle nous fournit abondamment
l'eau de Nil.

Faut-il vous parler du pays situé sur
les deux rives du Nil ? Pour vous en
donner une idée juste et précise, il faut entrer
dans la marche topographique de ce fleuve.

Deux

Deux lieues au-dessous du Caire, il se divise en deux branches; l'une descend à Rosette, l'autre à Damiette; l'entre-deux de ces eaux est le Delta, pays extraordinairement fertile, qu'arrose le Nil : aux extrémités des deux branches, du côté des terres est une lisière de pays cultivé, qui n'a guère qu'une lieue de large, tantôt plus, tantôt moins : passez au delà, vous entrez dans les Déserts, les uns aboutissent à la Lybie, les autres aux plaines qui vont à la Mer Rouge. De Rosette au Caire, le pays est très-habité; on y cultive beaucoup de riz, du blé, des lentilles, blé de Turquie: les villages sont les uns sur les autres; leur construction est exécrable, ce n'est autre chose que de la boue travaillée avec les pieds et les mains et entassée, des trous pratiqués dessus. Pour vous en donner une plus juste idée, rappelez-vous les tas de neige que font les enfans chez nous, les fours qu'ils construisent ressemblent parfaitement aux palais des Egyptiens. les cultivateurs, appelés communément Fellas, sont extrêmement laborieux, ils vivent de peu de chose, et dans une mal-propreté qui fait

7

horreur: j'en ai vu boire le surplus de l'eau que mes chameaux et mes chevaux laissoient dans l'abreuvoir.

Voilà cette Egypte si renommée par les historiens et les voyageurs; à travers toutes ces horreurs, les maux qu'on endure, les misères qui sont le partage de l'armée, je conviens cependant que c'est le pays le plus susceptible de donner à la France une colonie dont les profits lui seront incalculables; mais il faut du temps, et des hommes. Je me·suis aperçu que ce n'est pas avec des soldats que l'on fonde des colonies, les nôtres sur-tout; leurs propos------, ils sont terribles dans les combats, terribles après la victoire, sans contredit les plus intrépides soldats du monde; mais peu faits pour des expéditions lointaines: ils se laissent rebuter par un propos; inconséquens, lâches, ils en tiennent eux-mêmes: on en a entendu dire, en voyant passer des généraux: „les voilà, les bourreaux des François“ — et mille autres de cette nature.

Le calice est versé, je le boirai jusqu'à la lie: j'ai pour moi, la constance, ma santé, un courage qui, j'espère, ne m'abandonnera pas, avec cela je pousserai jusqu'au bout.

Parlons aussi un peu du Grand Caire. Cette ville, la capitale d'un royaume qui n'a pas de fin (ainsi l'appellent les savans du pays) contient 400,000 ames. Sa forme est un grand boyau rempli de maisons entassées les unes sur les autres, sans ordre, sans distribution, sans méthode, une populace semblable à celle d'Alexandrie, sans connoissances, enfin le comble de l'ignorance; où l'on regarde avec admiration celui qui sait lire et écrire; cette ville, dis-je, est néanmoins l'entrepôt et le lieu central d'un commerce considérable; c'est là où aboutissent les caravanes de la Mecque, et celles qui viennent des Indes. (Par ma première, j'aurai occasion de vous parler de ces caravanes.)

J'ai vu hier recevoir le divan que compose le Général Buonaparte; il est composé de neuf personnes: j'ai vu neuf automates habillés à la Turque, de superbes turbans, des barbes, et des costumes qui me rappellent les images des douze apôtres, que Papa tient dans l'armoire : quant à l'esprit, les connoissances, le génie et les talens, je ne vous en dis rien; ce chapitre est toujours en blanc en Turquie. Nulle part autant d'ignorance, nulle part autant de richesses, et nulle part aussi mauvais et sordide usage du temporel.

En voilà assez sur ce chapitre: j'ai voulu vous faire ma description; j'en ai, sans contredit, omis bien des articles, le rapport du Général Buonaparte y suppléera.

Ne soyez pas inquiet sur mon compte; je souffre à la vérité, mais c'est avec toute l'armée; mes effets me sont parvenus. J'ai, dans nos adversités, tous les avantages de la fortune; soyez tranquille, je jouis d'une bonne santé.

Ménagez vos santés; j'aurai, j'espère, le bonheur de vous embrasser avant un an, je sais l'apprécier d'avance, et vous le prouverai.

J'embrasse bien tendrement mes soeurs,

Et suis avec respect,

Votre très-soumis fils,

BOYER.

N°. XXIII.

DUPUIS, Général de Brigade, commandant la Place, à son ami CARLO.

Au Grand Caire, le 11 Thermidor, an 6.

SUR terre comme sur mer, en Europe comme en Afrique, je suis sur les épines; oui, mon cher, à l'arrivée devant Malte) je fus en prendre possession et détruire la Chevalerie; à notre arrivée à Alexandrie, et après l'avoir prise d'assaut, je fus nommé commandant de la place; aujourd'hui, après vingt jours d'une marche des plus pénibles dans les Déserts, nous sommes arrivés au Grand Caire. Cependant après avoir battu les Mamelouks; c'est-à-dire, après les avoir mis en fuite; car ils ne sont pas dignes de notre colère.

Me voilà donc, mon ami, revêtu d'une nouvelle dignité que je n'ai pu refuser, lorsque l'on m'y a joint le commandement du Caire; cette place étoit trop belle pour moi, pour que je pusse refuser le nouveau grade que Buonaparte m'a offert.

La conduite de la brigade à l'affaire des Piramides est unique ; elle seule a détruit 4000 Mamelouks à cheval, pris 40 piéces de canon qui étoient en batterie, tous leurs retranchemens, leurs drapeaux, leurs magnifiques chevaux, leurs riches bagages, puisqu'il n'est pas de soldat qui n'ait 100 louis sans exagérer, et il y en a plusieurs qui en ont 500.

Enfin, mon cher, j'occupe aujourd'hui le plus beau sérail du Caire, celui de la Sultane favorite d'Ibrahim Bey, Soudan d'E-gypte. J'occupe son palais enchanté, et je respecte au milieu des nymphes, la pro-messe que j'ai faite à ma bonne amie d'Eu-rope ; oui, je ne lui ai pas fait une infidé-lité, et j'espère que cela tiendra.

Cette ville est abominable, les rues y respirent la peste par leurs immondices ; le peuple est affreux et abruti. Je prends de la peine comme un cheval et ne puis encore parvenir à me connoître dans cette immense cité, plus grande que Paris, mais bien dif-férente : ah, qu'il me tarde de revoir la Ligurie !

Oui, mon cher, quoique j'aye beaucoup d'agrément, que rien ne me manque ; où sont mes amis? où est la respectable Marina? je pleure sur notre séparation , mais j'espère que bientôt je serai auprès.   Oui bientôt, car je m'ennuie diablement auprès d'eux.

Notre passage du Désert et nos diverses batailles ne nous ont presque rien coûté. L'armée se porte bien.   On l'habille dans ce moment, et je ne sais pas si j'irai en Syrie; nous sommes prêts.   J'ai eu le malheur de perdre ma ..... à la prise d'assaut d'Alexandrie.

Donnez-moi de vos nouvelles, je vous en prie.   Enfin jugez de la lâcheté de ce grand peuple tant vanté.   Je me suis emparé de cette immense cité, le 5 du mois, avec deux compagnies de grenadiers seulement. Cette ville a 600,000 ames de population.

Adieu, mon bon ami, j'embrasse mille fois Marcellin, sa mère, son père, son papa Carlo, et vos amis, et croyez-moi pour la vie le plus dévoué de vos amis.

C. DUPUIS.

J'écris par ce courrier à Pijon et Spinola; dites à Pijon qu'il est bien heureux d'avoir été exilé. Plût au Ciel que je l'eusse été aussi. Je l'embrasse et la famille. Mes amitiés, au pauvre Pietro.

J'embrasse Honoria, votre frère, et votre oncle.

N°. XXIV.

Le Roy, *Ordonnateur de la Marine, à l'Amiral*
Bruyes.

Alexandrie, le 11 Thermidor.

Citoyen Amiral,

En exécution des ordres du Général
Kleber, il part pour Rosette, un Agent des
subsistances militaires. Je lui donnerai une
lettre pour le citoyen Jaubert, qui pourra
joindre les instructions pour que les achats
de votre escadre, ceux pour les services
de terre et de mer, soit à Alexandrie soit
à Rosette, n'occasionnent pas une nuisi-
ble concurrence.

La conservation de la santé a nommé
pour Le Bequière, le citoyen Ferrière, qui
ira prendre vos ordres.

Le capitaine de frégate, de la Rue, m'é-
crit de Rosette, et me demande avec ins-
tance, des schermes. C'est avec beaucoup de
peine que je suis parvenu à en réunir cinq,
pour envoyer à vos ordres, on est à la re-
cherche de la 6me.

La prise du Caire va, je le pense, nous

procurer plus de facilité pour les transports ; mais à tout événement pour que le
service de vos subsistances et votre eau , celui de l'expédition, des effets de l'armée
de terre, la correspondance avec Rosette,
la nécessité d'aller chercher de l'eau pour
Alexandrie qui sous peu en manquera.
Tous ces besoins m'engagent à vous pro-
poser d'envoyer tel bâtiment de guerre que
vous jugerez à propos à Damiette pour en
ramener à Rosette, le plus de schermes
possibles, qui seront mises à la disposition du citoyen de la Rue, pour être ré-
parties suivant vos ordres.

La situation des malades, et leurs
moyens de traitement ne sont pas encore
tels que je ne me voie forcé à vous prier
d'ordonner que les malades de votre escadre soient évacués sur Rosette. La difficulté d'avoir des matières a retardé l'expédition de la Madonna della N ——: vous
l'aurez un de ces jours-ci.

Salut et respect.

LE ROY.

P. S. Que de peines, citoyen Amiral,

pour la moindre chose! Le succès du Général en Chef, et de l'armée de la République, vont, je l'espère, éclaircir notre besogne.

Le Général Kleber vous réitère la demande de le faire avertir, si vous ne pouvez faire prendre les paquets par le premier bâtiment que vous enverrez en France. Le Général désire que nous envoyons à Rosette un officier qui assure les transports d'eau pour Alexandrie, et l'acheminement des effets de la cavalerie pour le Nil.

Voici ce que je propose, d'après l'avis de l'estimable Guieu; choix dont je ne puis trop vous remercier.

1. Réunion des schermes de Damiette à Rosette, qui avec celles d'Alexandrie feront le service de l'escadre et celui de ce port.

2. Les Macks transporteront au Caire les passagers et les effets de l'armée.

3. Les Caisses suppléeront les chaloupes, lorsque celles des tartanes ne suffiront pas.

4. Employer d'ici à le Bequière et à Rosette, tout ce qu'il sera possible, de tartanes à voiles latines, et à peu de tirant d'eau.

Salut, respect.

LE ROY.

N°. XXV.

DUVAL, *Commissaire des Guerres, au citoyen* TRIPIER, *Agent des Hôpitaux militaires.*

Rosette, le 14 Thermidor, an 6.

IL est étonnant, citoyen, que depuis un mois que l'hôpital est établi à Rosette, vous l'ayez négligé à un point qui est absolument impardonnable.

Point de paillasses, point d'ustensiles, point de médicamens, point de linge pour le pansement, en un mot, manquant de tout, et les malades dans l'état le plus affligeant. Vous ne m'alléguerez pas, je crois, que vous êtes sans moyens; vous avez d'abord tant par décade pour subvenir aux besoins du service, vous avez en second lieu, le bâtiment N°. 47, qui est chargé de tout ce qui peut être nécessaire pour un hôpital de mille malades. Outre cela, il existe un magasin général établi à Alexandrie.

Je vous somme donc, citoyen, sous votre responsabilité, de me faire passer dans le plus bref délai, tout ce qui peut être

nécessaire , tant en effets qu'en médicamens, pour un hôpital de 400 malades.

J'aurai soin de rendre compte de votre
négligence à l'Ordonnateur en Chef, ainsi
qu'au Général en Chef, et sur-tout si vous
tardez de me faire parvenir ce que je vous
demande.

Salut.

Duval.

N°. XXVI.

Rosette, ce 17 Thermidor, an 6.

Je ne sais, ma chère bonne, si tu as reçu toutes mes lettres. Depuis mon départ de France, je t'ai écrit une fois de Bastia, deux fois de Malte, et une d'Alexandrie. Depuis 5 jours nous sommes ici, attendant une occasion pour aller au Caire, car il n'est pas sûr de remonter le Nil sans escorte. Dans notre traversée d'Alexandrie nous avons eu le bonheur d'échapper aux Anglois qui étoient dans ces parages.

Au moment où tu recevras cette lettre l'on saura déjà sans doute en France la défaite de notre escadre par les Anglois. Nous sommes tous ici dans la plus grande consternation. Je ne puis te donner aucun détail, parce que nous ne les connoissons pas encore d'une manière positive: ce qu'il y a malheureusement de trop certain, c'est que le superbe vaisseau l'Orient est sauté dans le combat. Placés sur une éminence qui dominoit la mer, nous avons été témoins de cet affreux spectacle. Le combat a duré plus de 24 heures les Anglois ont dû beaucoup souffrir. Nous ignorons encore combien nous avons perdu de vaisseaux. J'ose espérer que les bruits sinistres qui se répandent ne seront pas confirmés. L'Amiral Brueys a été tué, ainsi que Ducheyla, et une foule d'autres braves.

Ce n'est pas dans un premier moment que l'on peut porter un jugement sur les causes de ce désastre affligeant pour tout bon François; il faut au contraire s'empresser de repousser la calomnie qui ne respecte ni le malheur ni la cendre des morts.

Quant à moi, j'écoute, j'observe, et ne crois pas qu'il soit sage de prononcer au milieu des passions. Nous partons demain pour le Caire; nous serons les premiers qui annoncerons cette affligeante nouvelle à Buonaparte, qui, je l'espère, saura juger sa position, et supporter avec courage ce premier revers de la fortune. J'avoue que je ne suis pas aussi tranquille sur l'effet que produira cette nouvelle en France. Déjà je vois les ennemis de Buonaparte, de celui des Directeurs qui est son ami, sortir de leurs retraites, et agiter contre eux l'opinion publique.

Les services passés seront oubliés, chacun voudra se donner le mérite d'avoir prévu ce qui est arrivé. Les partis, les factions mal-éteintes, se ranimeront, et produiront encore dans notre malheureuse patrie de nouveaux déchiremens.

Quant à moi, ma chère amie, je suis ici, comme tu le sais, bien contre mon gré; ma position devient chaque jour plus désagréable, puisque, séparé de mon pays, de tout ce qui m'est cher, je ne prévois pas le moment où je pourrai m'en rapprocher, cependant rien ne me fera trahir, et l'amitié et mes devoirs. Buonaparte éprouve une chance malheureuse, c'est pour moi une raison de plus de m'attacher plus fortement à lui, et d'unir mon sort au sien.

Ne crois pas cependant, que je devienne jamais le partisan d'aucune faction; le passé m'a assez éclairé pour me rendre sage, et s'il pouvoit, ce que je suis bien loin de penser, se présenter un ambitieux qui voulût ou donner des fers à sa patrie, ou faire tourner les armes de ses défenseurs contre la liberté, alors on me verroit

roit dans les raugs de ceux qui se présente-
roient pour le combattre.

Tu vois, ma chère bonne, que je sais prendre mon parti, mais je te l'avoue bien franche-
ment, je préférerois mille fois être avec toi et
ta fille, retiré dans un coin de terre, loin de
toutes les passions, de toutes les intrigues,
et je t'assure que si j'ai le bonheur de re-
toucher je sol de mon pays, ce sera pour
ne le quitter jamais. *Parmi les quarante
mille François, qui sont ici, il n'y en a
pas quatre qui pensent autrement.*

Rien de plus triste que la vie que nous
menons ici! nous manquons de tout. Depuis cinq jours je n'ai pas fermé l'oeil; je
suis couché sur le carreau; les mouches,
les punaises, les fourmis, les cousins, tous
les insectes nous dévorent, et vingt fois
chaque jour je regrette notre charmante
Chaumière. Je t'en prie, ma chère amie,
ne t'en défais pas.

Adieu ma bonne Thérésia, les larmes
inondent mon papier. Les souvenirs les
plus doux de ta bonté, de notre amour,
l'espoir de te retrouver toujours aimable,
toujours fidelle, d'embrasser ma chère fille,
soutiennent seuls l'infortuné   TALLIEN.

8

Fais donner à ma mère de mes nouvelles.

Dans mon voyage j'ai fait une perte,
M. Bellavoine le jour de notre départ de
Malte s'est endormi dans quelque caba-
ret, et nous ne l'avons plus vu. J'ai prié
Regnault de me le renyoyer s'il se retrou-
voit.

Minerve est toujours avec moi, il se
porte très-bien.

N°. XXVII.

*Au Citoyen Barras, Membre du Directoire Exé-
cutif de France, à Paris.*

Rosette ce 17 Thermidor, an 6.

Dans ma dernière datée d'Alexandrie
je n'avois, cher Directeur, qu'à te parler
des succès des armes républicaines ; aujourd'hui ma tâche est bien plus pénible.
Le Directoire est sans doute déjà informé
de l'issue malheureuse du combat que
notre escadre a eu à soutenir le 14 de
ce mois contre la flotte angloise.

Pendant plusieures heures nous eumes
l'espoir d'être vainqueurs, mais lorsque le
vaisseau l'Orient eût sauté, le désordre
se mit dans notre escadre : de l'aveu même
des Anglois, tous nos vaisseaux se sont
bien battus ; plusieurs bâtimens ennemis
sont démâtés, mais notre escadre est presque entièrement détruite. Tu me connois
assez pour être assuré que je ne me rendrai pas l'écho de la calomnie qui s'empresse d'accueillir les bruits les plus absurdes ; j'observe et je m'abstiens quant à
présent de prononcer.

Tout le monde est ici dans la consternation ; je pars demain pour le Caire, porter cette nouvelle à Buonaparte. Elle l'affectera d'autant plus qu'il devoit moins s'y attendre: il trouvera sans doute en lui les moyens, sinon de réparer une perte aussi grande, au moins d'empêcher que ce désastre ne devienne funeste à l'armée qu'il commande.

Quant à moi cet événement malheureux m'a rendu tout mon courage. J'ai senti que c'étoit dans ce moment où il falloit réunir tous ses efforts, pour triompher de tous les obstacles que le sort ou la malveillance nous susciteront.

Puisse cette désastreuse nouvelle ne pas produire en France de résultats malheureux. Je suis à mon particulier fort inquiet, mais je m'en rapporte beaucoup au Génie de la République, qui nous a toujours si bien servis.

Adieu, mon cher Barras, je t'écrirai du Caire, où je compte être rendu dans 4 jours.

TALLIEN.

J'ai vu ici ton cousin qui n'est pas bien portant. Le climat y contribue beaucoup : cependant il y a très-peu de malades dans l'armée, quoique la chaleur soit excessive et que souvent le soldat soit exposé aux privations de tout genre.

Des nouvelles arrivées d'Alexandrie assurent que deux vaisseaux, et deux frégates se sont échappés. Les Anglois sont toujours devant Abouquir : ils paroissent avoir extrêmement souffert. Une lueur d'espérance reste encore; puisse-t-elle se réaliser!

N°. XXVIII.

Au Général Kleber, *Général de Division, l'Aide de Camp* Loyer.

Au Quartier-général à Rosette, le
17 Thermidor, l'an 6.

Mon ·Général, j'arrivai hier matin à 7 heures sans le moindre événement: au lieu de suivre la flotte nous primes le large, ce qui nous réussit parfaitement: à deux heures de la nuit nous passames à la vue d'une frégate ennemie qui surement ne nous aperçut pas, ou ne daigna pas s'occuper de nous.

Le Général Menou n'étoit point encore informé de nos malheureux désastres: il m'a témoigné bien de l'inquiétude sur un convoi d'artillerie légère de 11 bouches à feu, avec tous leurs attirails, et d'une quantité prodigieuse de munitions de mousqueterie.

Il y avoit déjà long-temps que ce convoi avoit été expédie pour l'armée, il n'avoit pu passer la barre du Nil, il avoit dû aller mouiller à Abouquir, où des germes devoient le décharger. De toute cette artillerie il n'a été débarqué que 2 pièces de huit qui sont ici. Le reste est exposé à être enlevé des ennemis, s'ils n'en sont déjà maîtres. Le Citoyen Dumanoir pourroit à cet égard vous donner quelques renseignemens: avec quelques troupes, on pourroit peut-être sauver ce convoi si précieux pour l'armée.

Je ne sais par quel motif l'Amiral Brueys relâcha le Cherif la veille de l'arrivée de l'escadre angloise. J'ai cru que c'étoit par rapport à cet événement. Point du tout, il a été envoyé ici, il a même promené quelques heures dans la ville pendant l'absence du Général Menou, qui à son retour le fit mettre à bord d'un aviso où il fut consigné. Je suis bien fâché que vous ne m'ayez pas remis toute votre correspondance, pour mettre sous les yeux du Général en Chef, la conduite plus que suspecte de ce Cherif. Au reste les raisons principales qui vous ont déterminé à l'éloigner d'Alexandrie me sont connues, et je les rendrai au Général Buonaparte.

Les communications du Nil ne sont point encore libres. Le Général Menou fait armer un aviso pour mon départ. Je serois parti aujourd'hui sans des nouvelles de l'armée qui lui étoient annoncées, et qui lui sont arrivées. Un Adjudant - Général ve-

nant du Caire arrive à l'instant, il est por-
teur du détail officiel de la marche de notre
armée et de ses combats, d'ordres de faire
rejoindre quelques dépôts et de systêmes
d'organisation pour le pays. Du reste l'armée est tranquille — votre division est à
Boulac. Le chef de bataillon Goyné de la
25ᵉ m'a dit qu'elle n'étoit pas très - contente
de votre r - - - - et qu'elle regrettoit beaucoup
que vous n'ayez pas été à sa tête.

Les divisions Desaix et Bon sont les
seules qui ayent agi. D'après le rapport que
vous avez dans ce paquet nous avons fort
peu souffert.

Le Général Menou est en traité de paci-
fication et même d'alliance avec quelques
Chefs de tribus. Il espère convertir à lui
la tribu qui a si mal reçu le Général Damas.
Un des Sous - chefs a déja fait la paix, on lui
assigne un lieu de campement. Il vient
prendre les ordres du Général; puissent ces
conversions s'augmenter!

Demain matin je pars avec le Cherif et
beaucoup de François qui sont ici. Il nous
faut 4 jours pour arriver au Caire, autant
et peut - être plus pour le retour a cause des
vents. Ne comptez donc sur moi, mon

Général, que dans 10 à 12 jours. Je ferai toute diligence possible pour vous revoir promptement. J'espère vous apporter de bonnes nouvelles, qui vous tireront d'A...... et de ses déserts, et vous rameneront sur les rives du Nil, les Champs Elisées de l'Egypte.

Votre dévoué Aide de Camp,

LOYER.

Le rapport officiel de la marine sur la malheureuse journée du 14, vient d'être remis au Général Menou. Je vais l'emporter avec des dépêches.

N°. XXIX.

J. Menou, Général de Division, au Général Kleber.

Rosette, le 17 Thermidor.

Quel malheur, mon cher Général, que celui arrivé à notre armée navale! Il est affreux: mais il faut prendre courage, et être encore plus grand que le malheur.

Je ferai partir demain matin, votre Aide-de-Camp, et le Commissaire sur un aviso pour le Caire. Je n'ai point eu de détails d'Aboukir: n'ayant pas de cavalerie, je n'ai pu envoyer personne par la plaine, et le bogatsch est si mauvais, qu'il est d'une difficulté extrême à passer.

Il me reste encore quelques espérances que tout n'est pas perdu. Si vous avez quelques nouvelles des tartanes et autres bâtimens qui portoient de l'artillerie et des cartouches, ainsi que d'autres effets nécessaires à l'armée, je vous prie de me les faire connoître; car nous en avons un extrême besoin ici, et au Caire.

Si on pouvoit aussi, sans danger, envoyer ici les équipages restés à Alexandrie, cela seroit extrêmement utile pour les faire passer au quartier-général.

Au total, mon cher Général, donnez-moi de vos nouvelles, et de tout ce qui vous intéresse, ainsi que des débris de notre armée. J'envoie à Alexandrie un courrier du Général en Chef: il vous porte des dépêches. Ici tout est assez tranquille ; mais il faut veiller !

J'ai fait arrêter ici Coraïm, qui avoit été relâché de dessus l'Orient. Je le ferai partir demain pour le Caire, avec bonne et sûre escorte. Est-il vrai que vous m'envoyez Demui? Sa troupe me seroit bien utile, si elle ne vous l'est pas. Salut et amitié franche, mon cher Général. De vos nouvelles; de vos nouvelles.

J. MENOU.

N°. XXX.

E. Poussielgue, *Contrôleur des Dépenses de l'Armée d'Orient, et Adminsitrateur Général des Finances.*

'Rosette en Egypte, le 17 Thermidor, an 6.

Nous venons, ma bonne amie, d'être témoins du plus sanglant et du plus malheureux combat naval qui se soit donné depuis bien des siècles. Nous n'en savons pas encore toutes les circonstances, mais celles que nous connoissons sont affreuses.

L'escadre françoise composée de 13 vaisseaux de ligne, dont un à trois ponts de 120 canons, et 3 de 80, étoit mouillée et embossée dans la mauvaise Baye d'Aboukir, ou Canope, la seule qui existe sur la côte d'Egypte. Depuis 8 jours il se présentoit souvent des vaisseaux et frégates anglois qui venoient connoître la position de notre escadre, ensorte qu'elle s'attendoit à tout moment à être attaquée. De Rosette à Aboukir il n'y a en ligne droite que 4 lieues et demie; des hauteurs de Rosette nous distinguions parfaitement notre escadre. Le 14 de ce mois, à 5½ heures du soir, nous entendîmes des coups de canon; c'étoit le commencement du combat. Nous montâmes sur les terrasses des plus hautes maisons, et sur les petites éminences, et nous distinguâmes parfaitement 10 vaisseaux anglois; les autres ne s'apercevoient pas. La canonnade fut très-vive jusqu'à 9¼ heures du soir, que nous aperçumes à la faveur de la nuit une très-grande lumière, qui nous annonça qu'un vaisseau brûloit. Alors le feu du canon redoubla de vîtesse; à 10 heures le vaisseau qui brûloit sauta avec un bruit épouvantable, et qui s'entendit à Rosette comme on entendit à Paris l'explosion de Grenelle. A cet accident succéda une nuit profonde et un silence parfait pendant dix minutes. Entre la vue et l'ouïe de l'explosion il se passa pour nous deux minutes; le feu reprit et dura sans interruption jusqu'à trois heures du matin; il cessa presque entièrement jusqu'à 5 heures, qu'il reprit avec plus de vivacité que jamais. Je me portai sur une tour qui est à une portée de canon de Rosette, et qu'on appelle *Aboul-Mandour*, de là je vis très-distinctement la bataille. A 8 heures du matin j'aperçus un vaisseau qui brûloit; au bout d'une demi-heure je vis tout-à-coup sauter en l'air un autre vaisseau qui ne brûloit pas auparavant; son explosion fut comme celle de la veille. Le vaisseau qui brûloit s'éloignoit de la côte, le feu diminua insensiblement, et nous présumons qu'on est parvenu à l'éteindre.

Pendant ce temps-là les canonnades redoubloient: un gros vaisseau démâté de ses trois mâts étoit échoué à la côte; on en voyoit d'autres parmi les escadres qui étoient pareillement démâtés entièrement; mais les deux escadres sembloient s'être mêlées, et nous ne pouvions distinguer les Anglois des François, ni savoir de quel côté étoit l'avantage. Le feu a conservé toute sa vivacité jusqu'à près de 2 heures après-midi du 15; à cette heure nous avons vu deux vaisseaux de ligne et deux frégates mettre toutes leurs voiles au vent, et prendre la route de l'Est, nous leur reconnumes à tous 4 le pavillon françois; aucun autre vaisseau ne bougea, et le feu cessa.

Vers 6 heures du soir, je retournai à la tour d'Aboul-Mandour pour reconnoître la position des escadres; elle étoit la même qu'à 2 heures. Les quatre vaisseaux à la voile étoient devant l'embouchure du Nil. Nous ne savions que conjecturer; 24 heures s'étoient écoulées sans que personne fût venu nous donner des détails, et nous étions dans l'impossibilité de nous en procurer; par terre à cause des Arabes qui étoient rassemblés entre Rosette et Aboukir; par mer à cause de la difficulté de sortir de l'embouchure du Nil au Bogasse.

Tu peux juger de notre impatience, de notre perplexité. Nous tirions un mauvais augure de ce silence. Il fallut encore passer dans cette incertitude la nuit du 15 au 16. Enfin le 16 au matin, un bateau parti dans la nuit d'Alexandrie, nous donna quelques détails mais fâcheux; il nous dit que des officiers de l'escadre françoise qui s'étoient sauvés à Alexandrie dans une chaloupe, avoient rapporté que dès le commencement du combat l'Amiral Brueys avoit reçu trois blessures graves, une à la tête et deux au corps, qu'il voulut rester à sa place sur le banc de quart, et qu'un quatrième coup de canon l'emporta par le milieu du corps. Que le Capitaine de Pavillon Casabianca avoit au même moment été emporté d'un coup de canon. Qu'on s'aperçut alors que le feu étoit au vaisseau, qu'on n'avoit pu parvenir à l'éteindre, et qu'enfin il avoit sauté à 10 heures du soir. Ils ajoutoient que notre escadre étoit abymée et perdue, que quatre vaisseaux s'étoient sauvés; mais que le reste étoit perdu.

Je retournai à la tour. Je retrouvai les choses absolument dans le même état que la veille, elles étoient telles encore hier soir et ce matin.

Voici comme le tout se présentoit à nos yeux en partant de la tour d'Aboukir, vue à gauche, et suivant à droite de l'horizon.

Le 1ᵉʳ vaisseau n'a point de mât, et porte pavillon anglois.

Le 2ᵉ et le 3ᵉ sont en bon état; on n'en distingue pas le pavillon. Le 4ᵉ a perdu un mât.

Le 5ᵉ en bon état, et porte pavillon anglois.

Le 6ᵉ a perdu son mât de hune, ce matin on y élevoit un fock et une voile carrée.

Le

Le 7ᵉ est sans mât de perroquet.

Le 8ᵉ est rasé.

Le 9ᵉ est rasé, il lui reste son mât de beaupré.

Le 10ᵉ démâté de ses trois mâts, ce matin on attachoit une voile au mât de beaupré.

Les 11ᵉ, 12ᵉ, et 13ᵉ formoient une espèce de groupe, on ne comptoit que 7 mâts pour ces trois vaisseaux.

Le 14ᵉ n'a que son mât de mizaine.

Le 15ᵉ a perdu ses perroquets de mizaine et d'artimon.

Le 16ᵉ est entièrement rasé.

Le 17ᵉ a perdu son perroquet d'artimon.

Le 18ᵉ n'a que le mât de mizaine.

Le 19ᵉ, 20ᵉ, et le 21ᵉ forment un groupe où l'on ne voit que quatre mâts, et point de perroquets.

Le 22ᵉ est entièrement rasé et échoué; il a pavillon anglois, on travaille à le remettre à flot, et à le mâter de petits mâts.

Le 23ᵉ est en bon état, il avoit pavillon anglois.

Le 24ᵉ est en bon état.

Voilà tout ce que j'ai pu distinguer. Il en résulte que les Anglois, quoiqu'ils ayent eu l'avantage, ont été extrêmement maltraités, puisqu'ils n'ont pu poursuivre ceux de nos vaisseaux qui s'en sont allés le 15.

Depuis deux jours tous ces vaisseux sont dans l'inaction, et semblent anéantis.

Ce matin il nous est venu des nouvelles d'Alexandrie qui confirment nos pertes. Le Contre-Amiral Decrès a été tué, ainsi que le Vice-Amiral Blanquet Duchaila.

Le Tonnant est celui qui s'est battu le dernier. Dupetit Thouars, qui le commandoit, a eu les deux jambes emportées d'un coup de canon. Les vaisseaux sauvés sont le Guillaume Tell, le ------, les frégates la Diane et la Justice. On dit c'est l'Artemise qui a sauté avant hier matin.

Il reste encore bien des choses à apprendre de ce combat. On dit que l'Amiral anglois a envoyé un parlementaire à Alexandrie, demander qu'on reçût et qu'on soignât ses blessés qui montent à 1500. Il nous rend tous nos prisonniers. J'ignore ce qu'on décidera.

Vous recevrez en France des relations officielles de nous et des Anglois. J'ignore ce qu'elles diront; mais tu peux compter sur ce que je t'écris, parce que j'ai *vu*.

Communique ma lettre à la citoyenne Corancez. Son fils se dispense par cette raison de lui donner ces détails; d'ailleurs je l'occupe à autre chose. Déjà il a écrit six lettres, et n'en a reçu aucune. Je n'ai point de nouvelles du citoyen Mony, que j'ai nommé Agent à Démanhour. Dérancés qui avoit été malade, est bien remis, il est avec moi. Martin se porte très-bien, et n'a pas reçu un mot de sa famille. J'ai été le seul heureux, puisque j'ai eu trois lettres de toi depuis que je suis en Egypte. Il s'en est surement perdu plusieurs, puisque les Anglois nous ont pris beaucoup de courriers.

J'ai fait faire ici mon portrait dessiné en profil par un habile artiste, le citoyen Denon. On le trouve très-ressemblant; mais nous avons tant d'Anglois autour de nous que je n'ose te l'envoyer, crainte qu'il aille en Angleterre, ou au fond de la mer. Je voudrois bien te le porter moi-même. Sois sûre qu'aussitôt que j'en aurai la permission, que je ne cesserai de solliciter, je partirai. Il n'y a pas de fortune qui puisse me retenir. Je consentirois à arriver auprès de toi nu comme la main.

Du reste je me porte à merveille. Demain matin je pars pour le Caire dans un joli bâtiment, avec le trésor et le Payeur Général, deux avisos, 250 hommes d'escorte, et plus de 40 passagers. J'emporte un superbe cheval arabe, dont un Cheick m'a fait présent ici. Nous allons par le Nil. Adieu, ma bonne petite, aime-moi toujours bien, et rappelle-moi au souvenir de tous nos amis. Je t'embrasse ainsi que mes enfans, etc.

POUSSIELGUE.

Nº. XXXI.

Le Contre Amiral GANTEAUME, *au Général* BRUIX, *Ministre de la Marine et des Colonies.*

Alexandrie, 5 Fructidor.

Citoyen Ministre,

OBLIGÉ de vous rendre compte du plus sinistre des événemens; c'est avec une douleur amère que je m'acquitte de ce triste devoir.

Onze vaisseaux pris, brûlés, et perdus pour la France, nos bons officiers tués, ou blessés, les côtes de notre nouvelle colonie exposées à l'invasion de l'ennemi, tels sont les affreux résultats d'un combat naval qui a eu lieu dans la nuit du 14 du mois dernier, entre l'armée françoise et celle britannique aux ordres du Contre - Amiral Nelson.

Par l'habitude que vous avez eue, citoyen Ministre, dans nos ports, durant le cours de cette guerre, il vous sera sans doute facile de juger si dans une escadre armée aussi à la hâte que la nôtre, nous pouvions espérer une bonne composition d'équipage, et trouver dans des hommes, rassemblés au hasard presqu'au moment du départ, des matelots et canonniers habiles et expérimentés. La belle saison cependant, l'attention et les soins des chefs, quelques hasards peut-être, avoient tellement secondé cette escadre, qu'elle étoit parvenue, avec son convoi, sans perte ni accident, sur les côtes d'Egypte.

L'Amiral vous aura sans doute déjà rendu compte qu'à notre arrivée à Alexandrie, nous avions appris qu'une escadre angloise de 14 vaisseaux y avoit paru trois jours avant nous. Peut-être étoit-il convenable de quitter une telle côte aussitôt que la descente avoit eu lieu; mais attendant les ordres du Général en Chef, la présence de notre escadre devant donner une force d'opinion incalculable à l'armée de terre, l'Amiral crut ne devoir abandonner ces lieux, et prendre au contraire, une position stable au mouillage de Bequiers.

Cette rade par sa proximité avec Rosette, lui offroit les moyens de recevoir les approvisionnemens dont l'escadre avoit besoin, et de renouveler, quoiqu'avec des peines et risques infinis, une partie de l'eau que l'escadre consommoit journalièrement. Une

ligne d'embossage fut donc malheureusement déterminée dans un lieu ouvert, et
que la terre ne pouvoit protéger.

De funestes avis reçus par des neutres, annonçoient le retour de l'escadre
ennemie: elle a été vue sur l'île de Candie, faisant route dans l'Ouest, La manoeuvre de cette escadre, qui, supérieure
à la nôtre, ne nous avoit point attendus
devant Alexandrie, qui retournoit dans
l'Ouest, quand nous exécutions nos opérations de descente, qu'elle auroit pu
facilement contrarier, établit malheureusement l'idée qu'elle n'avoit pas ordre de
nous attaquer, et une trop grande et funeste sécurité

Le 2 Thermidor, cependant, deux frégates ennemies étoient venues nous obser-
ver, et le 14 à deux heures du soir, l'escadre ennemie fut à la vue de la nôtre.
Quatorze vaisseaux et deux bricks la com-
posoient. Le vent étoit au Nord, joli
frais. Elle s'avance sous toutes ses voiles
vers le mouillage de l'armée, et annonce
le dessein de nous attaquer.

Les mesures que prit l'Amiral en cette
occasion, la résolution de combattre à

l'ancre, et enfin, les résultats de cette horrible affaire, sont détaillés dans un précis des faits que je vous adresse ci-joint, et je les ai tracés tels que je les ai vus dans cette cruelle et trop horrible nuit.

L'Orient incendié, ce fut par un hasard que je n'ose comprendre que je m'échappai au milieu des flammes, et que je fus reçu dans un canot qui se trouvoit engagé sous la voûte du vaisseau, et n'ayant pu parvenir à bord du vaisseau du Général Villeneuve, je me rendis après son départ en ce lieu, d'où j'ai la douleur de vous transmettre d'aussi tristes détails.

Le Franklin, le Spartiate, le Tonnant, le Peuple Souverain, et le Conquérant ont été pris, amarinés, mâtés avec des mâts de hune, et ont fait route avec l'escadre ennemie, qui depuis le 30, a quitté cette côte, en laissant une division de quatre vaisseaux et deux frégates.

Le Mercure, l'Heureux, et le Guerrier, ont été incendiés par l'ennemi. Les deux premiers avoient échoué pendant le combat, et étoient crevés quand l'ennemi les a amarinés.

Le Timoléon hors d'état de mettre à la voile, a été volontairement jeté à la côte par le Capitaine Trulet, et incendié, après avoir sauvé dans ses bateaux, et ceux qui lui ont été envoyés, tout son équipage.

Les deux frégates, l'Artémise et la Sérieuse ont été perdues, sans que l'ennemi en pût profiter: la première a été brûlée, l'autre coulée.

Les seuls restes de cette déplorable armée se réduisent donc à la division de frégates, corvettes, et flûtes, qui étoit mouillée à Alexandrie, et à celle du Général Villeneuve, qui par une manoeuvre hardie est échappée à l'ennemi. Vous verrez par mon précis que cette division est composée de deux vaisseaux, et de deux frégates, le Guillaume Tell, le Généreux, la Diane, et la Justice.

Placé par mon grade à la tête de notre malheureuse armée, qui reste en ce lieu, l'Amiral Nelson m'a proposé la remise des blessés et autres prisonniers. De concert avec le Général Kleber, commandant la place, j'ai acquiescé à cette proposition, et trois mille cent prisonniers, dont 800 blessés, nous sont parvenus depuis le 17 Thermidor.

Par le moyen de cette communication, nous avons eu quelques aperçus sur toutes nos pertes personnelles: ma plume s'arrête en étant obligée à vous tracer ces malheurs.

L'Amiral, les Chefs de Division, Casa-Bianca, Thevenan, du Petit Thouars ont péri: six autres officiers commandans, dont les noms sont-ci joints, ont été dangereusement blessés. Je n'ai pu jusqu'à ce jour me procurer un état exact des hommes morts et blessés, par le refus que m'a fait l'Amiral anglois, d'envoyer à terre les commissaires des vaisseaux pris, avec leurs rôles, ainsi que vous le verrez par la copie du cartel arrété dans la rade de Bequiers, pour la remise des prisonniers que je joins à cette lettre.

Depuis notre affaire, les croiseurs ennemis sont maîtres de toute la côte, et ils interceptent toutes nos communications. Les jours derniers, ils ont arrété le Chebeck, la Fortune, que l'Amiral avoit envoyé croiser sur Damiette. L'escadre angloise, ainsi que j'ai eu l'honneur de vous dire plus haut, est partie: à ce qu'on dit, pour la Sicile, le 3o du mois dernier, et la division qu'elle a laissée en station sur les côtes, est composée de quatre vaisseaux de 74 et deux frégates.

Par le soin qu'ont toujours les Anglois de cacher leurs pertes intérieures, nous n'avons eu aucune donnée certaine sur celles qu'ils ont éprouvées. On nous assure cependant, que l'Amiral Nelson a été blessé dangereusement à la tête; que deux Capitaines ont été tués, et on cite enfin, deux vaisseaux, le Majestic, et le Bellerophon, comme ayant eu 300 hommes hors de combat.

Dans la disposition où nous sommes: bloqués par des forces ennemies trop supérieures, j'ignore encore, Citoyen Ministre, quel sera le parti que nous pourrons tirer des foibles moyens maritimes qui restent en ce port; mais si je dois vous dire la vérité, telle que je la sens, c'est qu'après un aussi grand désastre, je pense qu'il n'y a plus que la paix qui puisse consolider l'établissement de notre nouvelle colonie. Puissent nos gouverneurs nous la procurer solide et honorable.

Je suis avec respect,

GANTEAUME.

N°. XXXII.

*Précis du Combat entre l'Armée Navale françoise,
et celle britannique; aux ordres du Contre Amiral Nelson, et dans la soirée et nuit du 14
au 15 Thermidor; an 6.*

Alexandrie, le 18 Thermidor.

A deux heures du soir le vaisseau l'*Heureux* signala 12 voiles à l'O.N.O. Nos vi-
gies les aperçurent en même temps, et en
comptèrent successivement jusqu'à 16. On
ne tarda pas à reconnoître ces bâtimens
pour une escadre angloise composée de 14
vaisseaux, et 2 bricks.

Les ennemis faisant route, forçant de
voiles pour le mouillage de l'armée, ayant
un brick à sonder devant. Le vent étoit
au nord, joli frais.

Les bricks l'Alceste et le Railleur avoient
eu ordre de mettre sous voile, et de se lever
au vent, pour empêcher la manoeuvre de
cette mouche.

Les signaux de branle bas, et de se pré-
parer au combat, prévenir l'armée qu'elle
combattra à l'ancre, rappeler les équipages

à leurs bords respectifs, avoient eu lieu à trois heures.

Les chaloupes qui étoient à l'aiguade avoient également été rappelées; un canot de l'*Artémise* avoit été détaché sur les bancs de Rosette, pour prévenir les transports qui y étoient mouillés, de l'apparition de l'ennemi; et enfin, les frégates et les corvettes avoient eu ordre de verser leurs équipages sur les vaisseaux.

L'escadre ennemie continuoit de s'avancer sur toutes voiles, après avoir donné un grand tour aux brisans qui bordent l'île: elle avoit tenu le vent diminué de voiles, et annonçoit le dessein d'attaquer notre armée.

A cinq heures trois-quarts la batterie de l'îslot avoit jeté quelques bombes qui portoient sur les vaisseaux de tête de la ligne ennemie. A six heures moins quelques minutes, le Général avoit fait le signal de commencer le combat, et peu de temps après, le deux avant-gardes se canonnoient.

Plusieurs vaisseaux ennemis ayant diminué tout-à-coup de voiles, avoient doublé la tête de notre ligne, et mouillant leurs ancres avec le cable par derrière, avoient élongé en draguant notre ligne du côté de terre, tandis que les autres mouilloient à portée de pistolet, de l'autre bord: par cette manoeuvre tous nos vaisseaux, jusqu'au *Tonnant* se trouvèrent enveloppés.

Il nous parut que deux vaisseaux, en exécutant cette manoeuvre, avoient échoués; mais l'un d'eux ne tarda pas à se retirer.

L'attaque et la défense furent extrémement vives: tous les vaisseaux de tête, jusqu'à notre matelot derrière, étoient pris des deux bords, et souvent par la hanche. Dans ce désordre et enveloppé d'un nuage continuel de fumée, il eût été difficile de distinguer les mouvemens de la ligne.

Au commencement de l'action, l'Amiral, tous les officiers majors, le commissaire ordonnateur, et une vingtaine de timoniers ou autres transports se trouvoient sur la dunette, occupés à la mousqueterie. Tous les soldats, les hommes même de la manoeuvre étoient descendus aux batteries par ordre de l'Amiral, à celle de douze il manquoit plus de la moitié de son équipage.

Après une heure d'action le Général fut blessé à la figure et à la main, et étant descendu à la dunette, il fut renversé, et tué quelque temps après sur le gaillard d'arrière.

Obligé de continuer à nous battre des deux bords, on avoit abandonné la batterie de douze, mais celles de 24 et de 36 continuoient leur feu avec la plus grande ardeur. Le *Franklin* et le *Tonnant* nous paroissoient être dans une position aussi critique que la nôtre.

Les vaisseaux ennemis ayant exterminé nos vaisseaux de tête, se laissoient dériver en draguant, et prenoient diverses positions autour de nous. Nous - - - par la tête, obligé à filer diverses fois du cable ou du grelin, pour leur présenter le travers.

Un vaisseau cependant ennemi nous combattant par stribord, et presque à toucher, avoit déjà été démâté de tout mât, et ne tirant plus, avoit coupé son cable pour se retirer du feu, mais obligé à nous défendre contre deux autres qui nous foudroyoient par la hanche de babord, et de bossoir de stribord, on avoit été obligé de refiler du cable.

La défense des batteries de 24 et 36, continuoit avec vivacité, quand le feu se manifesta sur la dunette par une explosion : nous avions déjà eu le feu dans un bateau, et ayant fait couper l'ancre, nous nous en

étions préservés. Un hamac et des débris
enflammés avoient également été jetés à la
mer: à cette troisième fois le feu avoit fait
dans un instant des progrès rapides et dé-
vorans parmi tous les débris dont la dunette
étoit couverte. Les pompes d'incendie
avoient été brisées par les boulets; les bal-
les, et les seaux renversés.

L'ordre de cesser le feu des batteries,
pour que tout le monde se porte à faire
passer de l'eau, avoit été donné; mais
l'ardeur étoit telle que, dans le tumulte, la
batterie de 36 continuoit son feu. Quoique tous les officiers ordonnassent de faire
monter tout le monde en haut, l'incendie
avoit fait en peu de temps du progrès
désespérant, et nous avions peu de moyens
à lui opposer.

Notre grand mât et celui d'artimon
étoient tombés, et bientôt nous ne vîmes
plus de salut pour le vaisseau; le feu ayant
gagné tout le gaillard d'arrière et même la
batterie de douze.

Le Capitaine du vaisseau, et son second
étoient blessés depuis quelque temps. Le
Général Ganteaume alors donne l'ordre
d'ouvrir

d'ouvrir les robinets et d'abandonuer le vaisseau.

Le feu avoit pris à environ dix heures moins un quart, et à dix et demie le vaisseau sauta en l'air, quoiqu'on ait eu la précaution d'ouvrir les robinets. Partie de l'équipage se sauva sur les débris, et d'autres y périrent.

Le combat continua toute la nuit à l'arrière-garde; et au jour nous distinguames que le *Guerrier*, le *Conquérant*, le *Spartiate*, l'*Aquillon*, le *Peuple Souverain*, et le *Franklin* avoient amené et s'étoient rendus à l'ennemi; le *Tonnant* démâté de tous mâts étoit à queue, son pavillon haut; l'*Heureux* et le *Mercure* échoués furent combattus et forcés d'amener dans la matinée; l'*Artémise* brûloit à huit heures du matin, et la *Sérieuse* étoit coulée par le travérs du vaisseau de téte.

Le *Guillaume Tell*, le *Généreux*, le *Timoléon*, la *Diane*, et la *Justice*, leurs pavillons haut, se canonnèrent avec quelques vaisseaux anglois une partie de la matinée; mais cette division, à l'exception du *Timoléon* mit à la voile à 10 ou 11 heures du matin et poussa au large.

Le *Timoléon* se jeta sur la côte, et nous avons appris depuis, que le capitaine, après avoir sauvé tout son équipage, incendia, le 16 au matin, ce vaisseau pour empêcher qu'il ne devînt la proie de l'ennemi.

Tels ont été les résultats de cette horrible affaire, et nous les avons tracés tels qu'ils se sont présentés à notre mémoire, n'ayant pu conserver aucun papier ni note écrite.

Le Contre-Amiral Ganteaume.

APPENDIX OU SUPPLÉMENT.

Proclamation faite par BUONAPARTE, *en langue arabe, lors de sa descente en Egypte.*

Au nom de Dieu, bon et miséricordieux. Il n'y a pas d'autre Dieu que Dieu. Nul ne partage avec lui son empire.

Voici le moment marqué pour la punition des beys; depuis long-temps il est attendu avec impatience. Les beys, descendant des montagnes de la Géorgie, ont désolé ce beau pays; ils insultent depuis long-temps et traitent avec mépris la nation françoise, et oppriment ses négocians en diverses manières. Buonaparte, général de la république françoise, arrive pour seconder les principes de la liberté, et le Tout-Puissant, le dominateur des deux mondes, a résolu la destruction des beys.

Habitans de l'Egypte! si les beys vous disent que les François sont venus pour détruire votre religion, ne les croyez point. C'est une insigne fausseté. Répondez à ces imposteurs qu'ils ne sont venus que pour retirer les droits des malheureux des mains de leurs tyrans; que les François adorent l'Être suprême, et honorent le prophète et son divin koran.

Tous les hommes sont égaux aux yeux de la divinité; l'esprit, les talens et les connoissances mettent seuls de la différence entre eux; comme donc les beys ne possèdent aucune de ces qualités, ils ne peuvent être dignes de gouverner le pays.

Ils sont cependant seuls possesseurs d'une grande étendue de terres, de belles esclaves, d'excellens chevaux, de palais magnifiques! Ont-ils donc reçu un privilége exclusif de la part du Tout-Puissant? S'il en est ainsi, qu'ils les produisent. Mais l'Être suprême, qui est juste et bon envers tous les hommes, veut qu'à l'avenir aucun des habitans de l'Egypte ne puisse être empêché de parvenir aux premiers emplois, et aux plus grands honneurs.

Le gouvernement déposé entre des mains intelligentes et distinguées par leurs talens, produira le bonheur et la sécurité. La tyrannie et l'avarice des beys ont dévasté l'Egypte, autrefois si populeuse et si bien cultivée.

Les François sont amis des Musulmans. Naguère ils ont marché sur Rome et renversé le trône du pape, qui aigrissoit les chrétiens contre ceux qui professent l'islamisme (la religion mahométane), bientôt après, ils ont dirigé leur course vers Malte, et en ont chassé les incrédules qui se croyoient appelés de Dieu pour faire la guerre aux musulmans. De tout temps les François furent les fidelles et sincères amis des empereurs ottomans, et les ennemis de leurs ennemis. Puisse donc l'empire du sultan être éternel; mais puissent les beys de l'Egypte, nos adversaires, dont l'insatiable avarice excita sans cesse la désobéissance et l'insubordination, être réduits en poudre et anéantis!

Nous présenterons une main amicale aux habitans de l'Egypte qui s'uniront à nous, ainsi qu'à ceux qui resteront dans leurs habitations, et garderont une stricte neutralité; quand ils auront vu de leurs propres yeux notre manière d'agir, ils s'empresseront de se soumettre à nous; mais la terrible peine de mort est réservée à ceux qui s'armeront contre nous, en faveur des beys. Il n'y aura plus alors d'espoir, et il ne restera d'eux aucun vestige.

Article premier. Toutes les places éloignées de trois lieues de la route de l'armée françoise; enverront un de leurs principaux habitans, pour déclarer qu'elles se soumettent, et qu'elles arboreront le drapeau françois qui est bleu, blanc et rouge.

Art. II. Tout village qui s'opposera à l'armée françoise sera entièrement livré aux flammes.

Art. III. Tout village qui se soumettra aux François, arborera le drapeau françois et celui de la sublime Porte, leur alliée, dont la durée soit éternelle.

Art. IV. Les cheiks et principaux habitans de chaque ville et village apposeront le scellé sur les maisons et les effets des beys, et auront le plus grand soin que rien ne soit égaré.

Art. V. Les cheiks, cadis et imans continueront à remplir leurs fonctions respectives; ils feront leurs prières et s'acquitteront des exercices du culte religieux dans les mosquées et les maisons de prières. Tous les habitans de l'Egypte offriront leurs actions de grâces à l'Être suprême, et feront des prières publiques pour la destruction des beys.

Puisse le Dieu suprême rendre éternelle la gloire du sultan des mahométans, verser les trésors de sa fureur sur les mamelouks, et rendre glorieuse la destinée de la nation égyptienne.

N°. II.

BUONAPARTE, membre de l'institut national, gé-
néral en chef, au quartier général, à bord
de l'Orient, le 4 messidor an 6.

Soldats, vous allez entreprendre une conquête dont les
effets sur la civilisation et le commerce du monde, sont
incalculables. Vous porterez à l'Angleterre le coup le plus
sûr et le plus sensible, en attendant que vous puissiez lui
donner le coup de mort.

Nous ferons quelques marches fatigantes ; nous livrerons
plusieurs combats ; nous réussirons dans toutes nos entreprises, les destins sont pour nous. Les beys mamelouks
qui favorisent exclusivement le commerce anglois, qui ont
couvert d'avanies nos négocians, et qui tyrannisent les
malheureux habitans du Nil, quelques jours après notre
arrivée n'existeront plus.

Les peuples avec lesquels nous allons vivre sont mahométans ; leur premier article de foi est celui-ci : *Il n'y a*
pas d'autre Dieu que Dieu, et Mahomet est son prophète.
Ne les contredisez pas ; agissez avec eux comme nous avons
agi avec les Juifs, avec les Italiens ; ayez des égards pour
leurs muphtis et leurs imans, comme vous en avez en pour
les rabbins et les évêques ; ayez pour les cérémonies que
prescrit l'alcoran, pour les mosquées, la même to-
lérance que vous avez eue pour les couvens, pour les
synagogues, pour la religion de Moïse et de Jésus-
Christ,

Les légions romaines protégeoient toutes les religions.
Vous trouverez ici des usages différens de ceux de l'Europe : il faut vous y accoutumer.

Les peuples chez lesquels nous allons entrer traitent les

femmes différemment que nous ; mais dans tous les pays, celui qui viole est un monstre.

Le pillage n'enrichit qu'un petit nombre d'hommes, il nous déshonore, il détruit nos ressources, il nous rend ennemis des peuples qu'il est de notre intérêt d'avoir pour amis.

La première ville que nous allons rencontrer, a été bâtie par Alexandre ; nous trouverons à chaque pas de grands souvenirs dignes d'exciter l'émulation des François.

Signé, Buonaparte.

N°. III.

Buonaparte, membre de l'institut national, général en chef,

O R D O N N E:

Article premier. Les généraux commandant les divisions détachées, feront mettre, par le commissaire des guerres, le payeur de la division, un officier de l'état-major et un cheik du pays, le scellé sur les caisses des revenus publics, sur les maisons et régistres des fermiers des mamelouks.

Art. II, Les mamelouks seront arrêtés et traduits au quartier-général de l'armée.

Art. III. Toutes les villes et villages seront désarmés.

Art. IV. Tous les chevaux seront requis et seront remis au chef de brigade de cavalerie de la division, qui fera sur-le-champ monter les soldats qui, à cet effet, suivront la division, portant leurs selles et brides ; il est défendu aux officiers, de quelque grade que ce soit, de prendre aucun cheval, que la cavalerie ne soit montée; il est défendu aux hommes qui sont montés de changer de chevaux.

ART. V, Tous les chevaux propres à l'artillerie seront remis au commandant de l'artillerie de la division, qui aura des harnois et des charretiers tout prêts.

ART. VI. Les chameaux seront loués et mis à la disposition du commandant de l'artillerie; ceux qui appartiennent aux mamelouks ou qui seroient pris à l'ennemi, seront donnés à l'artillerie, pour porter les pièces de trois, les cartouches d'infanterie, les munitions de canons; ce qui diminuera le plus possible les caissons: il y aura un chameau par division, à la disposition du commandant du génie, pour porter les outils des pionniers.

ART. VII. Chaque bataillon aura deux chameaux pour porter ses bagages; le chef de brigade et le quartier-maître en auront un pour porter la caisse et les registres du corps, ils ne pourront avoir ces chameaux, que lorsque l'artillerie aura ce qui lui est nécessaire.

ART. VIII. Les commandans d'artillerie, les commandans de cavalerie, donneront un reçu aux commissaires des guerres, des chevaux et chameaux qu'ils auront reçus.

ART. IX. Le commissaire des guerres en enverra l'état à l'ordonnateur en chef; le chef de brigade de cavalerie enverra l'état au général Dugua, et l'adjudant-général de la division à l'état-major.

ART. X. Les chevaux et chameaux pris à l'ennemi, après un combat et après avoir tué ou fait prisonnier celui qui les montoit, seront payés sur l'ordre du général de division, savoir: quatre louis le cheval, et six le chameau. Le général d'artillerie payera de même ceux qui lui seront remis, et le quartier-maître du corps ceux qui seront remis au corps.

Art. XI. Lorsque tous les régimens de cavalerie seront montés, on enverra les chevaux au général Dugua, et les chameaux au parc d'artillerie.

Art. XII, Tout soldat qui entrera dans les maisons des habitans, pour voler des chevaux et chameaux, sera puni conformément à l'article premier de l'ordre du 3 messidor,

Signé, Buonaparte.

N°. IV.

Au quartier-général, à bord de l'*Orient*,
le 10 messidor.

Buonaparte, *membre de l'institut natio-nal*, *commandant en chef*.

ORDRES.

Art. I. L'amiral aura la police des côtes et des ports des pays qui seront occupés par l'armée. Tous les règlemens qu'il fera et les ordres qu'il donnera, seront mis à exécution.

Art. II. Les ports de Malte et d'Alexandrie seront organisés, conformément au règlement de l'amiral, ainsi que ceux de Corfou et de Damiette.

Art. III. Le citoyen Le Roi exercera les fonctions de commissaire à Alexandrie, et le citoyen Vavasseur, celui de surintendant de l'artillerie.

Art. IV. Les agens de l'administration et des rades des pays occupés par l'armée, correspondront avec le commissaire Le Roi, dont ils recevront immédiatement les ordres.

Art. V. Tous les équipemens de vaisseaux trouvés

dans les pays conquis, seront mis en sureté dans les maga-
sins des différens ports.

Art. VI. Tous les matelots au-dessous de 3o ans, seront mis en réquisition pour la flotte.

Buonaparte.

Pour copie conforme,

Jaubert.

N°. V.

ARMÉE D'ANGLETERRE.

Au quartier-général de Malte, le 25 prairial an 6

ÉTAT-MAJOR GÉNÉRAL.

Ordre du général en chef.

Art. I. Dans l'église qui appartient aux Grecs, les prêtres latins ne pourront pas y officier.

Art. II, Les messes que les prêtres latins ont coutume
de dire dans les églises grecques, seront dites dans les autres églises de la place.

Art. III. Il sera accordé protection aux juifs qui vou-
droient y établir leur synagogue.

Art. IV. Le général commandant remerciera les
Grecs de la bonne conduite qu'ils ont tenue pendant le
siége.

Art. V. Tous les Grecs des îles de Malte et de Gozo,
et ceux des départemens d'Ithaque, Corcyre et de la mer
Egée qui conserveroient des relations quelconques avec la
Russie, seront condamnés à mort.

Art. VI. Tous les navires grecs qui naviguent sous

le pavillon russe, s'ils sont pris par les bâtimens françois, seront coulés bas.

Signé, BUONAPARTE.

Pour copie conforme,
Le général de division chef de l'état-major-général.

Signé, ALEXANDRE BERTHIER.

Pour copie conforme,
Le général de division, *Signé,* CHABOT.

DE L'IMPRIMERIE NATIONALE DE CORCYRE.

N°. VI.

Du quartier-général, à bord de *l'Orient,*
10 messidor.

*BUONAPARTE, membre de l'institut
national.*

ORDRES.

(Cet article et les trois suivans ne sont relatifs qu'à la disposition des transports et par conséquent ne sont point rapportés ici.)

ART. V. Tous les matelots françois à bord du transport des vaisseaux, seront pris pour le service de la flotte. Les matelots égyptiens seront pris pour les transports·

ART. VI. Tous les vaisseaux qui retourneront en Europe, n'auront à bord que le nombre d'hommes absolument nécessaire, de quelque nation qu'ils puissent être. Le surplus sera mis à bord de la flotte.

Signé, BUONAPARTE.
Pour copie conforme, JAUBERT.

N°. VII.

A Alexandrie, le 24 messidor an 6 républicain ;
le . . . du mois de Muharsem, l'an de l'hégire 1215.

BUONAPARTE , membre de l'institut national, gé-néral en chef de l'armée françoise.

Depuis assez long-temps les beys qui gouvernent l'Egypte insultent à la nation françoise, et couvrent ses négocians d'avanies ; l'heure de leur châtiment est arrivée.

Depuis long-temps, ce ramassis d'esclaves achetés dans le Caucase et dans la Géorgie, tyrannise la plus belle partie du monde ; mais Dieu, de qui dépend tout, a ordonué que leur empire finît.

Peuple de l'Egypte, on dira que je viens pour détruire votre religion ; ne le croyez pas ! répondez que je viens vous restituer vos droits, punir les usurpateurs, et que je respecte, plus que les mamelouks, Dieu, son prophète, et l'alcoran. Dites-leur que tous les hommes sont égaux devant Dieu ; la sagesse, les talens et les vertus, mettent seuls de la différence entre eux. Or, quelle sagesse, quels talens, quelles vertus distinguent les mamelouks, pour qu'ils ayent exclusivement tout ce qui rend la vie aimable et douce ?

Si l'Egypte est leur ferme, qu'ils montrent le bail que Dieu leur en a fait, mais Dieu est juste et miséricordieux pour le peuple.

Tous les Egyptiens seront appelés à gérer toutes les places ; les plus sages, les plus instruits, les plus vertueux gouverneront, et le peuple sera heureux.

Il y avoit jadis parmi vous de grandes villes ; de grands canaux, un grand commerce ; qui a tout détruit, si ce n'est l'avarice, les injustices et la tyrannie des mamelouks ?

Cadis, cheiks, imans, schorbadgis, dites au peuple que nous sommes amis des vrais musulmans. N'est-ce pas nous qui avons détruit le pape, qui disoit qu'il falloit faire la guerre aux musulmans? N'est-ce pas nous qui avons détruit les chevaliers de Malte, parce que ces insensés croyoient que Dieu vouloit qu'ils fissent la guerre aux musulmans? N'est-ce pas nous qui avons été dans tous les siècles les amis du Grand-Seigneur (que Dieu accomplisse ses desirs!) et l'ennemi de ses ennemis? Les mamelouks, au contraire, ne se sont-ils pas révoltés contre l'autorité du Grand-Seigneur, qu'ils méconnoissent encore? Ils ne suivent que leurs caprices.

Trois fois heureux ceux qui seront avec nous! ils prospéreront dans leur fortune et leur rang. Heureux ceux qui seront neutres! ils auront le temps d'apprendre à nous connoître, et ils se rangeront avec nous. Mais malheur! trois fois malheur! à ceux qui s'armeront pour les mamelouks, et combattront contre nous. Il n'y aura pas d'espérance pour eux; ils périront.

Signé, Buonaparte.

N°. VIII.

Au quartier-général d'Alexandrie, 15 messidor.

Buonaparte, membre de l'institut national, commandant en chef.

ORDRES.

Art. I. Tous les habitans d'Alexandrie, de quelque nation qu'ils soient, seront obligés; vingt-quatre heures après la publication du présent ordre, de déposer dans l'endroit désigné par le commandant de la ville, toutes leurs armes à feu. Les muphtis, les imans et les cheiks seront les seuls à qui il soit permis de garder leurs armes et de les porter.

Art. II. Tous les habitans d'Alexandrie, de quelque nation qu'ils puissent être, seront obligés de porter la cocarde tricolore: les muphtis seuls ont le privilége de porter l'écharpe tricolore. Le commandant en chef se réserve toutefois le droit d'accorder la même faveur à ceux des cheiks qui se distingueront par leurs connoissances, leur prudence et leurs vertus.

Art. III. Les troupes rendront les honneurs militaires à tous ceux qui, en conséquence de l'article précédent, porteront l'écharpe tricolore, et toutes les fois que ces personnes visiteront l'officier supérieur, ou quelqu'une des autorités constituées, elles seront reçues avec tous les égards qui leur sont dus.

Art. IV. Il est expressément interdit aux agens étrangers à quelque puissance qu'ils appartiennent, de déployer leurs drapeaux sur les terrasses de leur logement. Les conculs seuls auront le privilége d'écrire sur leurs portes la nature de leurs emplois.

„ Consul de — "

Art. V Le présent ordre sera traduit sans délai, en arabe, et communiqué aux habitans les plus distingués. Le chérif le fera proclamer dans la ville, afin que chacun ait à s'y conformer.

Signé, Buonaparte.

N°. XI.

ARMÉE D'ANGLETERRE.

Quartier-général du Caire, 9 thermidor.

A l'Amiral Brueys.

JE vous envoie, citoyen amiral, quelques prisonniers mamelouks, avec leurs noms. Vous aurez la bonté de les recevoir à bord d'un des vaisseaux de l'escadre, et de les envoyer en France à la première occasion.

Salut et fraternité.

ALEX. BERTHIER.

Noms des mamelouks prisonniers.

Hussan,	Ibrahim.
Hali.	Murat.
Murat.	Soliman.
Joseph.	Hali.
Acmeth.	Mahomet.
Haly.	Chahin.

Nº. X.

Au quartier-général à bord de l'Orient,
8 messidor.

BUONAPARTE, membre de l'institut national, commandant en chef; au commandant de la caravelle, à Alexandrie.

Les beys ont couvert nos commerçans d'avanies; je viens en demander réparation.

Je serai demain dans Alexandrie. Vous ne devez avoir aucune inquiétude, vous appartenez à notre grand ami le Sultan; conduisez-vous en conséquence.

Mais si vous commettez la moindre hostilité contre l'armée françoise, je vous traiterai en ennemi, et vous en serez cause; car cela est loin de mon intention et de mon coeur.

BUONAPARTE.

Carte de la BASSE EGYPTE pour servir d'intelligence à la Correspondance Interceptée de BUONAPARTE

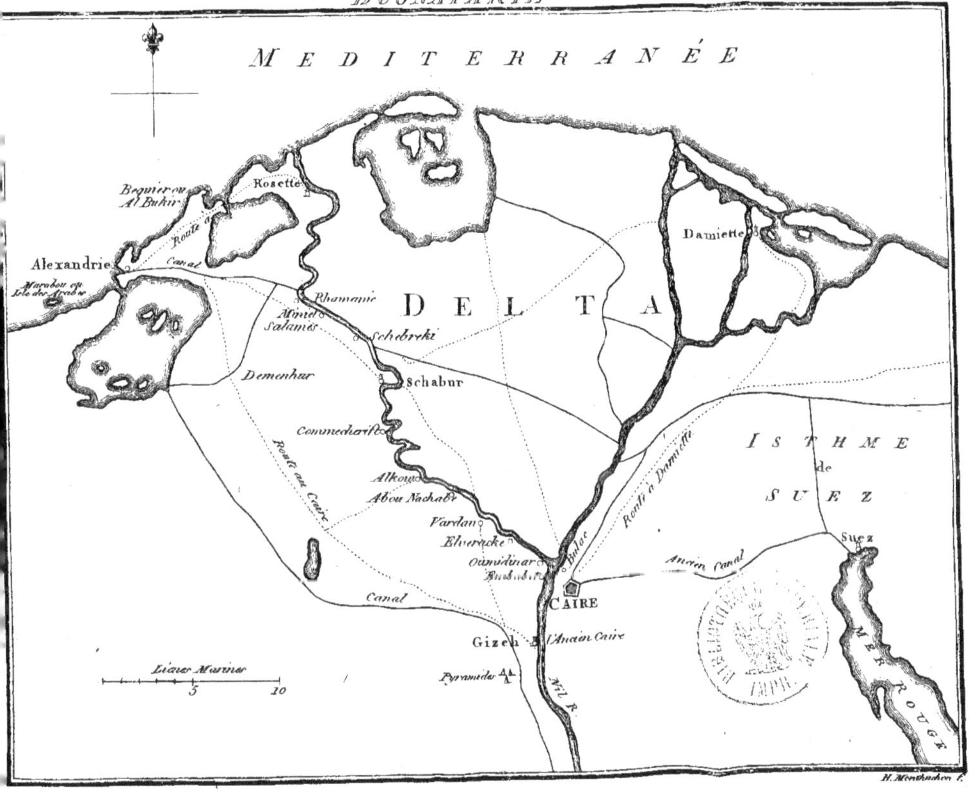

H. Monthachon f.